Anselm Grün

Gesund mit Leib und Seele

Anselm Grün

Gesund mit Leib und Seele

KREUZ

www.kreuz-verlag.de

Umschlaggestaltung und Konzeption: Agentur R.M.E
Eschlbeck / Hanel / Gober
Umschlagmotiv: © Corbis

Satz: Arnold & Domnick, Leipzig
Herstellung: fgb · freiburger graphische betriebe
www.fgb.de

Gedruckt auf umweltfreundlichem, chlorfrei gebleichtem
Papier
Printed in Germany

ISBN 978-3-451-61015-8

Inhalt

Einführung

Gesundheit ist für viele Menschen heute das höchste Gut, ja für manche ist sie fast eine Ersatzreligion. Sie kreisen nur um ihre Gesundheit. Andere sprechen zwar von Gesundheit, treiben aber trotzdem Raubbau mit ihr. Sie behandeln ihren Leib wie eine Maschine, die reibungslos funktionieren muss. Und wenn er das nicht mehr tut – dann wird er eben „repariert". Dann müssen starke Medikamente her, die ihn wieder funktionieren lassen. Dass ihre Gesundheit etwas mit ihrer Art zu leben zu tun hat, davon wollen diese Menschen nichts wissen. Gesundheit erreichen wir aber nicht, indem wir nur ein leistungsfähiges Gesundheitssystem entwickeln, das auf die Heilung der Krankheiten fixiert ist. Die Griechen wussten noch, dass es vor allem darauf ankommt, gesund zu leben. Für sie war es wichtigste Aufgabe des Arztes, die Kunst des gesunden Lebens zu lehren. Und gesund lebt der Mensch nur, wenn er seinem Leib und seiner Seele gerecht wird, und wenn er seine soziale Verantwortung und seine Verantwortung vor Gott bewusst wahrnimmt.

Gottes Stimme – so glaubten die frühen Mönche – ergeht nicht nur in der Bibel an uns oder in den Schriften der Kirchenväter oder der geistlichen Autoren. Vielmehr spricht Gott auch zu uns in unserem Leib und durch unseren Leib. Zum geistlichen Leben gehört es nach diesem Verständnis daher, ehrlich auf den Leib zu hören. Manchmal zeigt uns der Leib, dass wir schwerhörig waren: Wir haben unser Maß nicht beachtet. Wir haben über unsere natürlichen Grenzen hinaus gearbeitet, den Leib maßlos beansprucht. Sicher: Es gehört auch Demut dazu, auf den Leib zu hören.

Wenn Gott selbst zu uns durch den Leib spricht, dann ist Gesundheit auch eine spirituelle Aufgabe. Und diese Stimme können wir nicht überhören. Wenn wir eine Grippe bekommen, dann können wir sie nicht übergehen. Sie packt uns. Sie zwingt uns, uns die Ruhe zu gönnen, die wir uns sonst nicht gönnen würden. So besteht der erste Schritt der Spiritualität darin, auf den Leib zu hören, damit wir ihm gerecht werden. Dann werden wir auch Gott, dem Schöpfer unseres Leibes, gerecht.

„Der Körper hört besser als das Ohr." So drückt es ein Sprichwort aus Zentralafrika aus: Der Leib selber vermag also zu hören. Er hört auf unsere Seele und spürt, was sie uns sagen möchte. Der Körper hört auf die leisen Impulse unserer Seele. Oft reagiert er mit Krankheit, wenn ihm die Seele signalisiert, dass sie sich durch die Rastlosigkeit und Unachtsamkeit dieses Menschen „gekränkt" fühlt: nicht beachtet, nicht ernst genommen.

Der Leib nimmt die Seele ernst. Er hört auf ihre Impulse und bringt sie dem Menschen zu Gehör, indem er mit körperlichen Beschwerden reagiert, die man einfach nicht überhören kann. Leib und Seele gehören zusammen. Sie hören aufeinander. Und wir sollten sowohl auf die Seele als auch auf den Leib hören. Der Leib will uns darauf aufmerksam machen, wo wir auf unsere Seele zu wenig gehört haben.

Da ist eine Frau, die opfert sich auf für ihre Familie. Aber sie überhört die Signale ihrer Seele. Ihre Seele reagiert mit Gefühlen wie Ärger und Bitterkeit, weil sie sich ausgenutzt fühlt. Alle wollen etwas von ihr. Aber sie darf nichts wollen. Sie traut sich nicht, für ihre eigenen Bedürfnisse einzutreten. Wenn sie zu lange ihre Bedürfnisse unterdrückt, dann übernimmt manchmal der Leib das Bedürfnis nach Ruhe und Zuwendung, indem er krank wird. Dann muss sich die Frau Zeit für sich nehmen. Dann bleibt ihr nichts anderes übrig, als sich ins Bett zu legen und sich von andern pflegen und bedienen zu lassen. Der Leib zwingt sie, ihre eigene Bedürftigkeit anzuerkennen und sie sich zu gönnen.

Gesundheit, Krankheit, Heilung – das sind zentrale Themen auch der Bibel. Jesus sagt den Kranken, die er geheilt hat, oft: „Dein Glaube hat dich gesund gemacht.“ Es gibt viele wissenschaftliche Untersuchungen, die zeigen, dass der Glaube und das Getragensein von einer religiösen Gruppe gesund machen, dass Beten für den Gesundungsprozess gut ist. Das bedeutet nicht, dass Beten quasi ein Trick ist, jede Krankheit zu heilen. Es unterstützt den Heilungsprozess und manchmal bewirkt es auch eine Spontanheilung. Aber es ist nie in unserer Macht, sondern letztlich immer in Gottes Hand, ob auf unser Gebet hin ein Mensch gesund wird oder nicht. Der Glaube ist aber mehr als ein Placebo-Effekt. Viele meinen, man bräuchte nur daran zu glauben, dass ein Medikament hilft, dann würde es auch helfen. Das gelingt natürlich in gewissem Maße. Aber der Glaube ist mehr als Einbildung. Es ist in einem elementaren Sinn die Überzeugung, dass ich nicht allein bin mit meiner

Krankheit, dass ich in Gottes Hand bin. Und ich glaube daran, dass Gottes heilender und heiliger Geist in mich und meine kranken Körperbereiche einströmt und alles mit Licht und Liebe erfüllt. Ich halte meine Krankheit Gott hin und vertraue, dass sein Geist heilend in meine Wunden einströmt und mich aufrichtet und gesund macht.

Jesus hat kranke Menschen geheilt, die ihm vertraut haben, die ihm die Heilung zugetraut haben. Die Heilung geschieht jedoch immer in der Begegnung. Jesus begegnet den kranken Menschen und lädt sie dadurch ein, sich selbst zu begegnen. Gott erledigt nicht die Arbeit, die wir selber tun sollten. In der Krankheit ist es unsere Aufgabe, sie zu befragen, worauf sie uns hinweisen und wo sie unserem Leben eine andere Richtung geben möchte. Heilung in der Begegnung mit Jesus bedeutet: Wir müssen wir uns selbst in unserer Wahrheit – und dazu gehört auch die Krankheit –

begegnen. Nur so kann Verwandlung und Heilung geschehen.

Jesus hat seine Jünger ausgesandt mit dem Befehl: „Geht und verkündet: Das Himmelreich ist nahe. Heilt Kranke, weckt Tote auf, macht Aussätzige rein, treibt Dämonen aus!" (Mt 10, 7 f) Die Heilung ist Ausdruck für die Nähe des Reiches Gottes. Wenn Gott im Menschen herrscht, dann will sich die Herrschaft in der Gesundheit des Menschen ausdrücken. Die Jünger sollen Kranke heilen und gesund machen. Hierfür wird das griechische Wort „therapeuein" verwendet. Die Jünger sollen den Kranken nicht nur die Hände auflegen, dass sie gesund werden. Sie sollen vielmehr die Botschaft Jesu so verkünden, dass sie ihre therapeutische Wirkung in den Zuhörern entfalten kann.

Christliche Spiritualität hat immer auch eine therapeutische Dimension. Jesus trägt den Jüngern auch auf, sie sollen Tote auferwecken.

Jesus hat das sicher wörtlich gemeint. Aber zugleich ist es ein Bild für unser Tun als Christen heute. Wir sollen Menschen, die in sich erstarrt sind, wieder zum Leben wecken, damit ihre Lebendigkeit aufblüht. Wir sollen Aussätzige rein machen: Menschen, die sich selbst nicht annehmen können und sich daher von allen andern abgelehnt fühlen, sollen wir annehmen und ihnen das Gefühl geben, dass sie ganz und gar akzeptiert sind, dass sie rein sind, das heißt, dass sie so sein dürfen, wie sie sind. Und wir sollen Dämonen austreiben: Dämonen sind Geister, die das Denken und Fühlen trüben, fixe Ideen, krankmachende Lebensmuster. Wir sollen Menschen von Sichtweisen befreien, die ihr Selbstbild trüben.

Georg Christoph Lichtenberg, der deutsche Aphoristiker und Physiker (1742–1799), meint einmal: „Das Gefühl der Gesundheit erwirbt man durch Krankheit.“ Wir wollen immer gesund sein. Aber auch wenn wir noch so sehr für unsere Gesundheit sorgen – durch gesunde Ernährung und gesunde Lebensweise wie Sport usw. –, haben wir keine Garantie für dauernde Gesundheit. Normalerweise werden wir immer wieder auch krank. Gesundheit und Krankheit gehören zusammen. Wenn wir krank sind, sehnen wir uns nach Gesundheit und lernen, die Gesundheit zu schätzen. In der Krankheit spüren wir, dass Gesundheit nicht selbstverständlich ist, sondern ein Geschenk, für das wir dankbar sein dürfen. In der Krankheit fühle ich mich schlapp. Ich habe das Gefühl, dass ich nie mehr zu Kräften komme. Umso angenehmer ist dann die Erfahrung, dass wir neue Lust bekommen, aufzustehen, zu arbeiten, auf andere zuzugehen. Die Krankheit führt uns in die Schwäche. Die Gesundheit motiviert uns wieder, das Leben zu gestalten. Und wir spüren neue Liebe. In der Krankheit kreisen wir um uns selbst. Da spüren wir wenig Liebe zum anderen.

Was ein gesunder Mensch sei, wurde Sigmund Freud einmal gefragt. Ein gesunder Mensch sei fähig, zu arbeiten und zu lieben, war seine Antwort. Dorothee Sölle zitiert diese Antwort und weist auch auf die spirituelle und die soziale Seite von Gesundheit hin: Gesundheit ist mehr als das Fehlen von Krankheit. Es ist die Fähigkeit, sich wohl zu fühlen und aus diesem Gefühl des inneren Einklangs sich auf das Leben einzulassen, sich auf die Arbeit einzulassen und sich der Liebe hinzugeben. Nur so wird das Leben fruchtbar und blüht auf.

Wie ist Krankheit zu erklären? Ein Modell, das die Krankheit nur auf eine vergangene Ursache zurückführt, führt nicht weiter. Das hat zwar eine gewisse Berechtigung. Denn wenn ich mich falsch ernähre, darf ich mich nicht wundern, wenn der Körper krank wird. Doch ich darf dieses Modell nicht verallgemeinern. Sonst würde ich jedem, der krank ist, vermitteln: „Du bist selbst schuld daran." Die Schuldgefühle würden ihn aber nur noch kränker machen. Für mich ist das Modell von C. G. Jung hilfreich. Er spricht von finaler Krankheitsdeutung, d. h. er fragt nach dem Ziel der Krankheit: Was will die Krankheit mir sagen? Ich suche nicht nach meiner Schuld in der Vergangenheit, sondern sehe in die Zukunft.

Die Krankheit ist ein Appell, neue Akzente in meinem Leben zu setzen. C. G. Jung spricht von Synchronizität. Die körperliche Krankheit fällt oft zusammen mit einer psychisch schwierigen Situation. Doch man kann da nicht von Ursache sprechen. Man kann nicht feststellen, ob die seelische Situation die körperliche Krankheit verursacht hat oder umgekehrt. Beide Phänomene sind einfach gleichzeitig. Eine seelische Situation drückt sich auch körperlich aus. Leib und Seele gehören zusammen. Beide drücken innere Gestimmtheiten des Menschen aus, entweder psychisch oder physisch. Und manchmal wirken beide Ebenen zusammen, ohne dass man sagen kann, was vorher ist: das Psychische oder das Physische. In diesem Sinn will mir jede Krankheit etwas sagen.

Sie will mich auf etwas aufmerksam machen, was ich bisher übersehen habe.
Das Modell von C. G. Jung hilft uns, auch die Heilungsgeschichten der Bibel besser zu verstehen. Jesus vermittelt keinem Kranken: „Du bist selbst schuld daran." Oder: „Deine Krankheit hat eine psychische Ursache." Einmal wehrt sich Jesus sogar ausdrücklich gegen jede kausale Deutung. Die Jünger fragen ihn, als sie einen Blindgeborenen sehen: „Wer hat gesündigt? Er selbst? Oder haben seine Eltern gesündigt, so dass er blind geboren wurde?" (Joh 9,2) Jesus antwortet: „Weder er noch seine Eltern haben gesündigt, sondern das Wirken Gottes soll an ihm offenbar werden." (Joh 9,3) Die Krankheit ist demnach dazu da, uns zu zeigen, was Gott an uns wirken möchte. Er weist uns durch die Krankheit auf unsere Wahrheit hin. Und er wirkt in der Heilung an uns, indem er uns von der Krankheit befreit. Wir spüren, dass es nicht selbstverständlich ist, dass wir gesund

sind. Gott will im Leib zu uns sprechen und uns zeigen, dass wir uns mit Leib und Seele ihm öffnen sollen, damit wir in der Gesundheit und in der Krankheit durchlässig werden für seine Herrlichkeit, für seinen Geist, für seine Liebe.

Die Gesundheit ist also kein Besitz, den wir festhalten können. Die griechischen Ärzte der Antike zeigen als Weg zum gesunden Leben: Wir sollen so leben, dass es unserem Wesen entspricht. Und wir sollen im Einklang mit Gott leben. Dann werden wir gesund. Doch keiner von uns lebt immer im Einklang mit Gott, keiner von uns ist immer gesund. Wir sollen das tun, was in unserer Hand liegt: gesund zu leben, uns gesund zu ernähren, genügend Bewegung zu haben, maßvoll in allem zu sein. Aber wir haben keine Garantie für 80 gesunde Jahre. Unser Leib fordert unsere Seele heraus, eine gesunde und maßvolle Lebenseinstellung zu entwickeln, die unserer

körperlichen Gesundheit gut tut. Die Seele aber hat den Leib nicht so im Griff, dass sie ihn immer gesund halten könnte.
Wenn der Leib krank wird, dann verweist er unsere Seele darauf, dass wir nach innen gehen, in den inneren Raum der Stille, in dem wir heil sind und ganz. Dort im innersten Kern hat die Krankheit keine Macht über uns. Der spirituelle Weg lehrt uns Zugänge zu dem inneren Raum der Stille, in dem die Krankheit keinen Zugriff zu unserem wahren Selbst hat. Von daher ist der spirituelle Weg immer auch ein heilender Weg. Er bringt uns in Berührung mit der Quelle der Selbstheilungskräfte, die in uns schlummern.

Im Folgenden sollen nun Gedanken der griechischen Ärzte, die die Lehre vom gesunden Leben entwickelt haben, mit Gedanken der christlichen Spiritualität verbunden werden. So entsteht eine spirituelle Kunst des gesunden Lebens, die den Leib so ernst nimmt wie die

Seele. Nicht für jeden wird jeder Schritt auf diesem Weg gleich wichtig sein.

Ich möchte dazu einladen, die Gedanken vorurteilslos zu lesen. Immer dort, wo sich der Leser angesprochen fühlt, soll er bei sich selbst nachschauen, was er in seiner Lebensweise verbessern könnte. Auf keinen Fall möchte ich moralisieren oder gar Normen festschreiben, wie wir gesund leben sollen. Ich möchte vielmehr Anregungen geben, wie der einzelne auf seinen Leib und seine Seele achten und wie er mit körperlichen und seelischen Krankheiten nicht nur therapeutisch umgehen, sondern wie er seinen Glauben gerade in seiner Krankheit bewähren könnte. Vielleicht wird dadurch klarer, wie der Glaube hilft, auch körperliche Krankheiten zu überwinden.

Lass dir Raum zum Atmen

Umwelt kann krank oder gesund machen

Die großen Ärzte der griechischen Antike vergleichen das Tun des Arztes mit dem eines Steuermanns, der mit behutsamer Hand das menschliche Schiff durch die Gefährdungen des Lebens steuert. Die Lehre vom gesunden Leben heißt *Diätetik*. Die griechischen Ärzte Hippokrates und Galenios haben insgesamt sechs Bereiche beschrieben, die der Mensch beachten soll, um gesund leben zu können. Der erste Grundsatz ihrer Gesundheitslehre bezieht sich auf den richtigen Umgang mit Licht und Luft. Er bezieht also die Umwelt mit ein. Es ist nicht gleichgültig, in welcher Umgebung ich lebe. Die Alten hatten in ihrem Wohnungsbau noch ein gesundes Gespür dafür, wo es sich gut leben lässt. Es gilt bis heute: In dunklen Wohnungen wird auch die menschliche Seele verdunkelt. Unser Wohnraum kann uns krank oder gesund machen. Das gilt nicht nur von Wasseradern und Erdstrahlen, die uns schaden können, sondern auch von den Baumaterialien, mit denen wir das Haus bauen. Heute legen wir wieder auf natürliche Baumaterialien Wert und entwickeln auch ein neues Gespür dafür, wie wir unsere Wohnung einräumen. Eine Wohnung, die mit allem Möglichen vollgestellt ist, bedrückt uns, raubt uns den Raum zum Atmen. Durch die Art und Weise, wie wir unsere Wohnung, unsere Büros, unsere Krankenhäuser einrichten, können wir die Gesundheit unterstützen. Ein Raum, der so eingerichtet ist, dass es unserem inneren Gefühl entspricht, tut uns gut. In ihm fühlen wir uns wohl. Das fördert unser Gesundsein.

Licht stärkt die Abwehrkräfte

Die Ärzte wissen heute, dass das Licht nicht nur die Seele des Menschen erhellt, sondern auch die Abwehrkräfte des Körpers stärkt. Wohnungen und Büros brauchen genügend Licht. Am besten ist natürliches Licht. Wer sich nur in seiner Wohnung oder in seinem Büro aufhält und den Weg zwischen Wohnung und Arbeitsstätte mit dem Auto oder öffentlichen Verkehrsmittel zurücklegt, der schneidet sich von einer wichtigen Grundlage seiner Gesundheit ab. Heute gibt es eine eigene Lichttherapie. Gegen Depressionen wirken besondere Lampen, die die Seele des Menschen erhellen sollen. Aber am besten ist immer noch, genügend an die frische Luft zu gehen und sich dort dem Sonnenlicht auszusetzen. Das Sonnenlicht begegnet uns in jeder Jahreszeit anders. Immer aber ist es heilsam, es auf sich wirken zu lassen. Es hellt unsere Stimmung auf und stimuliert unseren Leib.

Frische Luft erfrischt

Genauso wichtig wie das Licht ist auch die Luft. Wir brauchen die frische Luft, damit wir genügend Sauerstoff atmen können. Wir sollen nicht nur unsere Zimmer gut lüften, sondern auch oft genug an die frische Luft gehen, damit sich unser Leib und unsere Seele daran erfrischen können. Aber es geht nicht nur um die Luft, die uns äußerlich umgibt. Ein entscheidender Weg zu gesundem Leben ist der Atem. Ein flacher Atem zieht die Stimmung nach unten und kann depressiv machen, wenn er immer flach bleibt. Es gibt heute viele Formen von Atemtherapie. In den siebziger Jahren war ich oft bei Graf Dürckheim, einem Psychotherapeuten der Jungschen Schule, der Psychologie und Zen-Meditation miteinander verbunden hat. Für ihn war der Atem beides: ein Barometer, das mir anzeigt, wie es um mich steht, und zugleich ein Instrument, mit dem ich in mir etwas verändern kann. Wenn ich unruhig atme, zeigt mir mein

Atem meine innere Unruhe. Indem ich den Atem bewusst ruhig fließen lasse, werde ich auch in meiner Seele ruhiger.

Viele hindern sich beim Sprechen, weil sie nicht gut dabei atmen. So wird ihre Stimme hohl und leer. Sie erreichen mit ihrer Stimme niemanden, weil sie abgeschnitten ist von einem guten Atem. Stimmbildung beginnt daher immer beim Atem. Wenn wir mit dem Atem üben, dann geht es zunächst einmal darum, den Atem nicht aktiv einzuziehen, sondern ihn einfach kommen zu lassen. Dann sollen wir auf das langsame Ausatmen Wert legen. Beim Ausatmen stellen wir uns vor, dass der Atem in den Beckenraum hineingeht. Im langsamen Ausatmen lassen wir unsere Gedanken los, lassen wir das Festhalten an uns selbst los.

Ein wichtiger Ort, an dem wir rechtes Atmen üben, ist die Meditation. Graf Dürckheim hat immer wieder betont, dass wir zuviel Wert auf das Einatmen legen und das Ausatmen vernachlässigen. Wir haben Angst, nicht genügend Atem zu haben. Doch wer meint, er müsste gleichsam Atem auf Vorrat tanken, verstößt gegen den eigenen Atemrhythmus. Wenn wir bei der Meditation richtig atmen, dann dauert das Ausatmen doppelt so lange wie das Einatmen. Wir lassen uns Zeit. Dürckheim legte vor allem Wert auf den Raum zwischen Ausatmen und Einatmen. Da – so meinte er – geht es um Leben und Tod. Da geht es nämlich darum, das Ego loszulassen. Es ist ein Augenblick, in dem ich weder einatme noch ausatme. Ich habe ausgeatmet und warte, bis der Einatem von alleine kommt. Wer diesen Augenblick bewusst wahrnimmt, bei dem lösen sich alle Verkrampfungen. Er hört auf, an sich selbst festzuhalten, sich selbst zu kontrollieren. Er überlässt sich dem Leben. Er überlässt sich letztlich Gott.

Achtsam und bewusst

Bevor wir im Äußeren nach Hilfen für unsere Gesundheit suchen und vorschnell zu Medikamenten greifen, sollten wir also das üben, was uns täglich geschenkt wird: Täglich schauen wir in das Licht des Tages, das gratis für uns scheint. Nehmen wir bewusst den Unterschied des Lichtes am Morgen und am Abend, im Winter, Frühling, Sommer und Herbst wahr! Jede Lichtqualität hat eine heilende Wirkung.

Und wir sind immer und überall von Luft umgeben. Spüren wir sie mit Achtsamkeit, wenn wir sie einatmen! Achten wir, dass in den Räumen genügend frische Luft ist und dass wir uns Zeit nehmen, an die frische Luft zu gehen, uns dem Licht und der Luft auszusetzen! Wir atmen in jedem Augenblick. Wir brauchen nur das, was wir immer tun, bewusster tun und *so*, dass es unserem Wesen entspricht. Dann werden wir die heilsame Wirkung von Licht und Luft täglich erfahren.

Meditieren – der Atem als Weg zur Mitte

In der geistlichen Tradition wurde die Meditation immer als hilfreicher Weg gesehen, in die eigene Mitte zu finden und dort die Quelle des Heiligen Geistes zu entdecken. Der Atem wurde als Weg in die eigene Tiefe gesehen. In der christlichen Tradition hat man den Atem mit einem Wort aus der Bibel oder mit dem Jesusgebet verbunden: „Herr Jesus Christus, Sohn Gottes, erbarme dich meiner!" Wer dieses Wort im Rhythmus seines Atems wiederholt, der kann seinen Atem wie einen Bohrer erleben, der die Betonschicht durchdringt, die ihn von der inneren Quelle trennt. Manchmal bleibt der Bohrer freilich im Beton hängen.

Dann ist die Meditation nur oberflächlich. Aber wenn der Atem gemeinsam mit dem Wort in die innere Tiefe führt, erahnt man diese Quelle, die nie versiegt. Im Ausatmen kommt man in Berührung mit der inneren Quelle. Und im Einatmen strömt das erfrischende und zugleich klärende und reinigende Wasser aus der Tiefe in Leib und Seele ein.

In der Meditation komme ich in Berührung mit meinen inneren Ressourcen. Solange andere mich bestimmen, werden meine Emotionen von ihnen geprägt und verunreinigt. Meditation versteht der spätantike Schriftsteller Cassian (ca. 360–435) als Reinigung der Emotionen. Wenn ich mich nicht von Ärger, Ungeduld, Neid oder Eifersucht mitreißen lassen will, dann ist es notwendig, die Emotionen zu reinigen. Die Meditation als Reinigung der Emotionen ist daher ein Weg zur Gesundung der Seele.

Wie Innehalten geht

Für die Meditation nehme ich mir am Morgen bewusst Zeit. Doch es gibt auch während des Tages mitten in der Arbeit immer wieder die Möglichkeit, kurz innezuhalten. Das Wort innehalten ist voller Bedeutung. Ich halte an, um nach innen zu gehen. Ich halte mich an das Innere und nicht an das Äußere. Ich lasse mich nicht von den äußeren Dingen bestimmen, sondern erfahre Halt, indem ich nach innen gehe und im Inneren einen Raum von Freiheit und Weite erfahre. Das Innehalten geht so:

Ich setze mich für einen Augenblick achtsam hin und spüre in mich hinein. Ich beobachte meinen Atem: Fließt er ruhig und gleichmäßig? Oder ist da eine innere Unruhe zu spüren? Ich achte auf meinen Leib. Wo ist er angespannt? Ich spüre zu meinem Herzen hin: Steht es unter Druck?

Dann kann ich den Atem wieder bewusst ruhiger fließen lassen. Und wenn ich im Herzen Druck spüre, kann ich den Druck loslassen. Innehalten führt also über den Atem, über das Herz und über den Leib in den inneren Raum der Stille, zu dem die Arbeit und die Sorgen keinen Zutritt haben. So erfahre ich mitten in der Arbeit einen Freiraum. Dieser Freiraum gibt ihr einen anderen Geschmack. Sie verliert das Bedrückende und Überfordernde. Mitten in der Arbeit bin ich ganz bei mir. Und wenn ich bei mir bin, spüre ich keinen Druck von außen. Ich lasse mich auf die Arbeit ein. Aber die Arbeit bestimmt und beherrscht mich nicht. Die Arbeit reißt mich nicht weg von mir. Vielmehr ist sie Ausdruck meiner Seele. Sie fließt aus meinem Innern. Und die Menschen um mich herum werden meine Seele spüren in dem, was ich tue.

Kultur des Essens und des Trinkens

Was uns wirklich nährt

Heute ist ein neues Verständnis für gesunde Nahrung entstanden. Es geht nicht mehr nur darum, sich zu sättigen, sondern auch darum, sich zu nähren. Und die Frage ist, was uns wirklich nährt und was unserem Körper gut tut. Essen ist durchaus ein heikles Thema. Wir spüren das auch in unserem Konvent, dass man Essgewohnheiten nicht so leicht ändern kann. Bei vielen ist das Essen mit der Angst verbunden, zu kurz zu kommen. Oder man hat Angst, das Neue schmecke einem nicht. Man sehnt sich nach dem Geschmack, wie er daheim gewesen ist. Essen hat etwas mit Zuwendung und Liebe zu tun. Wenn nun einfach das Essen auf mehr

Gesundheit umgestellt wird, dann kommen Ängste hoch, man dürfe nicht mehr genießen. Doch man kann beides miteinander verbinden: gesund und zugleich schmackhaft kochen, so dass wir das Essen genießen können.

Eine gute Ess-Kultur

Es gibt immer wieder neue Festschreibungen, was alles schädlich sei. Manche machen sich krank, weil sie immer nur um gesunde Ernährung kreisen. Auch hier braucht es das richtige Maß. Schon Paulus wehrt sich im 1. Korintherbrief gegen die Ideologisierung des Essens: „Keine Speise kann uns vor Gottes Gericht bringen. Wenn wir nicht essen, verlieren wir nichts, und wenn wir essen, gewinnen wir nichts." (1 Kor 8,8) Da Gott nicht über uns richtet, sollen wir einander auch nicht richten, wenn der eine Fleisch isst und der andere nicht, der eine diese Diät hat und der zweite eine andere. Es ist wichtig, seine Vernunft einzuschalten und klar zu sehen, was einem gut tut und was nicht. Und es ist genauso wichtig, mit Lust zu essen und zu trinken.

Es geht aber nicht nur darum, *was* wir essen und trinken, sondern auch *wie*.

Psychologisch fällt immer wieder auf: Wie einer isst, so geht er in der Regel auch mit den Dingen und mit den Menschen um. Wer Essen in sich hineinschlingt, wird dazu neigen, auch andere auszubeuten oder zu „verschlingen". Er wird weder mit der Natur noch mit seinen Mitmenschen achtsam umgehen. Wer Essen in sich hineinschlingt, der kann auch nicht genießen. Wer genießt, isst eher in einem langsamen Tempo. Nicht umsonst heißt eine Gegenbewegung zum „fastfood": slowfood. Hier geht *es um genussvolles, bewusstes und regionales Essen als Gegenbewegung zum Trend des uniformen, globalisierten fastfood.*

Aber auch bei den „Langsamessern" gibt es Übertreibungen. Es gibt die Langsamesser, die eine ganze Gesellschaft aufhalten. Sie genießen nicht ihr Essen, sondern sie zelebrieren ihr Langsamessen. Bei manchen habe ich den Eindruck, dass es eher depressive Menschen sind. Mit dem Langsamessen leben sie ihre verdrängte Aggression aus und machen die andern, die auf sie warten müssen, aggressiv. Eine gute und gesunde Esskultur ist heute offenbar nicht mehr selbstverständlich. Da ist das Maß von schnell und langsam durcheinander geraten. Aber auch das Maß, wie viel ich esse und trinke, ist vielfach abhanden gekommen. Die einen essen übermäßig und trinken zuviel Alkohol. Die anderen essen zu wenig, so dass es zur Magersucht ausarten kann. In jedem Fall leidet der Körper. Sowohl Essen als auch Trinken können zur krankhaften Sucht führen. In der Ess-Sucht und Magersucht möchte man das, wonach man sich sehnt, sofort haben. Hinter der Ess-Sucht steckt oft die Sehnsucht nach Liebe, hinter der Magersucht die Sehnsucht, über sein Leben selbst bestimmen zu können, alles unter Kontrolle zu haben. Hinter der Trinksucht versteckt sich oft die Sehnsucht nach einer heilen Welt, in der man sich geborgen fühlt. Heilung kann geschehen, wenn die Sucht wieder in Sehnsucht verwandelt wird.

Achtsam essen

Auch wenn ich alleine esse, halte ich kurz inne, um Gott für das zu danken, was ich genießen darf. Dieses kurze Innehalten gibt mir ein Gespür dafür, dass ich achtsam essen will und nicht einfach in mich hineinschlingen möchte. Und es vermittelt mir: Es sind Gottes gute Gaben, die er mir schenkt. Wenn die Buddhisten ein Tischgebet sprechen, dann danken sie nicht nur Gott für seine Gaben, sondern auch den Menschen, die diese Gaben bereitet haben. Es sind ja viele Menschen daran beteiligt, dass diese Früchte, dieses Gemüse, dieses Fleisch auf unseren Tisch kommen. Sie haben mitgeholfen, dass die Früchte der Erde gedeihen können. Sie haben sie geerntet und sie aufbereitet, so dass wir sie heute essen dürfen. Es ist dies eine Achtsamkeit, die nicht nur Buddhisten gut tut: Wenn wir sie üben, dann verbindet uns das Essen mit all den Menschen, die auf der weiten Welt für uns arbeiten und wirken. Es verbindet uns auch mit der Schöpfung, deren Gaben wir genießen. Und es tut Leib und Seele gut.

Gemeinsame Mahlzeit

Früher hat die Familie miteinander Mahl gehalten. Heute essen viele alleine, weil die Zeiten der Eltern und der Kinder nicht mehr miteinander übereinstimmen. Es gibt dann keine Mahlzeiten mehr, sondern nur Sättigungszeiten. Damit geht aber auch eine Kultur des Essens und Trinkens verloren. Mahlzeit meint einen bestimmten Zeitpunkt, zu dem man gemeinsam isst und sich der Gaben der Schöpfung erfreut. Die Mahlzeit beginnt mit einem Tischgebet, einem Tischsegen, der allen deutlich macht, dass es etwas Heiliges ist, miteinander zu essen. Wir genießen die Gaben der Schöpfung. Wir genießen die Gaben, die Gott uns schenkt und in denen er uns seine Güte erfahren lässt. Der Tischsegen weckt in uns das Vertrauen, dass die Speisen uns zum Segen werden. Wir werden nicht ängstlich kontrollieren, ob alle Speisen auch gesund sind oder wie viel Kalorien wir zu uns nehmen. Wir stellen unser Mahl unter den Segen Gottes. Das deutsche Wort „Mahl" hat die gleiche Wurzel wie lat. „medicus = Arzt". Von der Sprache her hat Mahl also etwas mit Gesundheit zu tun. Das Mahl stärkt unseren Leib und nährt unsere Seele. Es dient unserer Gesundheit. Die Sättigung macht satt und träge. Das Mahl erfrischt und regt zu inspirierenden Gesprächen an.

Ritual

Halte inne, bevor du allein isst oder bevor ihr gemeinsam esst. Schaue auf die Speisen, die du dir zubereitet hast oder die andere für dich bereitet haben. Dann sprich einen Tischsegen. Danke Gott für alle diese wunderbaren Speisen. Danke Gott, dass er dir Lust am Leben schenkt, dass er dir den Genuss seiner Gaben gönnt. Und dann schaue auf die Menschen, mit denen zusammen du Mahl hältst. Danke für sie alle. Bitte Gott, dass er euch miteinander verbindet, dass er selbst in eurer Mitte ist und euer Miteinander segnet. Dann kannst du für dich oder ihr könnt gemeinsam die Speisen auf eure Teller nehmen und warten, bis alle geschöpft haben. Dann beginnt ihr gemeinsam mit dem Essen und Genießen. So bekommt das Mahl Würde. So wird das Mahl zu einer heilenden Mahlzeit.

Fasten – was Leib und Seele reinigt

Guter Ausgleich

In den Wintermonaten – vor allem über Weihnachten – haben wir meistens zu viel gegessen. Wir sprechen vom Winterspeck, den wir angesetzt haben. Und die Kirche hat nicht umsonst beim Übergang vom Winter zum Frühling die Fastenzeit gesetzt, in der wir unsere Essgewohnheiten und unser Trinkverhalten überprüfen und uns im Fasten von den Schlacken reinigen, die sich in uns abgelagert haben. Schon für die antiken Ärzte gehörte zur gesunden Lebensführung ein guter Ausgleich zwischen den beiden Polen: Essen und Trinken einerseits, Fasten andererseits.

Fasten als Reinigung

Fasten ist keine Verneinung von Essen. Wir verzichten nur eine Zeitlang bewusst auf das Essen. Fasten ist eine alte Weise der Heilkur. In allen Religionen und Kulturen gibt es Fastenzeiten. Indem ich eine Woche lang auf das Essen verzichte und nur viel trinke, beweise ich mir: Ich bin nicht abhängig vom Essen. Ich bekomme das Gefühl von Freiheit. Zum anderen entschlackt das Fasten. Es reinigt den Leib. Gerade der Februar war in allen Kulturen immer ein Reinigungsmonat, in dem man sich von der Dunkelheit gereinigt hat, aber auch von allem, was sich in unsere Seele und in unseren Leib an Unreinem und Unklarem eingeschlichen hat. Reinigung des Leibes und der Seele ist die Aufgabe des Fastens.

Dankbar genießen

Im Fasten unterbrechen wir unsere Gewohnheit zu essen, um nachher wieder ganz neu und bewusst mit dem Essen zu beginnen. Das Fastenbrechen ist genauso wichtig wie das Fasten. Wer das Fasten so bricht, dass er gierig nachholt, worauf er im Fasten verzichtet hat, der hat nichts vom Fasten verstanden. Dem schadet das Fasten eher. Das Fasten soll uns einladen, ganz langsam und ganz neu das Geheimnis der Speisen zu kosten und zu genießen. Wenn ich nach dem Fasten eine Scheibe Brot langsam kaue, spüre ich, wie gut das Brot schmeckt. Ich genieße den Geschmack und werde offen für die verschiedenen Geschmäcke, die den Speisen innewohnen. Ich kann mit neuer Freude und Dankbarkeit das Essen genießen. Und weil ich genieße, werde ich das Essen nicht mehr hinunterschlingen. Ich werde dankbar genießen. Das ist auf Dauer am gesündesten für den Menschen, gesünder als vieles, was die Theorien über gesunde Ernährung fordern.

Entrümpeln tut Leib und Seele gut: Die Fastenzeit ist wie eine Art Frühjahrsputz für Leib und Seele. Nicht nur der Leib wird durch das Fasten entschlackt, sondern auch die Seele: durch mehr Zeit und Stille.
Doch der Frühjahrsputz kann sich auch auf die Wohnung beziehen. In unserer Abtei haben wir einen gemeinsamen Nachmittag, an dem jeder seine Klosterzelle von Überflüssigem zu befreien sucht.
Der hl. Benedikt empfiehlt uns Mönchen, dass wir zu Beginn der Fastenzeit einen Trainingsplan aufstellen, was wir in diesen sieben Wochen einüben wollen, wo wir mehr beten, weniger reden, intensiver meditieren und achtsamer auf die Menschen zugehen wollen.

Überlegen Sie sich, was Sie sich in dieser Fastenzeit vornehmen. Und stellen Sie sich ein

Programm auf. Das Ziel der Fastenzeit ist, die Haltung der inneren Freiheit einzuüben. Doch der Weg dorthin führt über handfeste Rituale.

Entrümpeln Sie Ihre Zeit: Durchforsten Sie die Termine, die Sie sich vorgenommen haben. Überlegen Sie, wie Sie Ihre Zeit entrümpeln und wo Sie bewusst Rituale einsetzen wollen, in denen Sie zu sich selbst kommen, in denen Sie sich herausnehmen aus dem Alltag und eintauchen in die Welt der Stille.
Mit welchem Ritual wollen Sie in der Fastenzeit den Tag beginnen? Mit welchem Ritual wollen Sie ihn beenden? Wann wollen Sie sich Zeit nehmen zur Stille, zur Meditation, zum Lesen?

Entrümpeln Sie Ihre Wohnung: Wir sollen uns in der Fastenzeit von allem reinigen, was unser Denken trübt. Dazu gehört auch unsere Wohnung. Sie lässt uns manchmal nicht mehr atmen. Sie werden spüren, dass das Entrümpeln Sie befreit.

Gehen Sie einmal ganz bewusst durch Ihre Räume. Schauen genau hin, wo ihre Wohnung zu voll steht. Wo engt das Viele, das herumsteht, Sie ein? Überlegen Sie: Was könnten Sie verschenken? Was müssten Sie entsorgen?

Vereinfachen Sie das Essen in der Fastenzeit: Setzen Sie sich auch da Rituale für Ihr Frühstück, Mittagessen und Abendessen.
Wie wollen Sie die Zeit, in der Sie essen, gestalten? Das Ritual des einfachen Essens, das Sie aber bewusst langsam genießen, wird Ihnen gut tun und ein neues Gespür vermitteln für den Genuss auch eines feierlichen Mahles.

Sich wohlfühlen im Leib

Für viele hat Fasten etwas Ernstes und Schweres an sich. Doch wer es sich einmal gönnt, eine Woche lang nur von Getränken zu leben und auf feste Speise zu verzichten, der wird erfahren, wie ihn das Fasten frei macht. Die ersten zwei Tage sind etwas beschwerlich. Aber wer sich auf das Fasten gut vorbereitet hat, indem er den Darm gereinigt hat, und wer täglich mindestens drei Liter Wasser oder Tee trinkt, der wird erfahren, dass das Fasten ihn sensibler macht für den eigenen Leib. Auf einmal fühlt man sich wohl in seinem Leib. Man nimmt die Luft, die Gerüche, den Wind, die Sonne bewusster wahr. Die Sinne sind schärfer. Die Hände werden feinfühliger. Am Anfang werden wir im Fasten mit unseren unterdrückten Emotionen konfrontiert, die wir oft genug durch Essen zugestopft haben, um sie nicht spüren zu müssen. Aber wer diese ehrliche Selbstbegegnung wagt, der wird die Wohltat des Fastens erleben: innere Klarheit, Weite, Leichtigkeit und Freiheit. Er spürt, dass er nicht abhängig ist, weder vom Kaffee noch vom Alkohol noch von Süßigkeiten. Das stärkt das Selbstbewusstsein.

Es geht nicht darum, sich in der Fastenzeit Schweres aufzuladen. Die Einübung in die innere Freiheit soll von Lust am Leben geprägt sein. Wer sich innerlich frei fühlt, der ist glücklich, der erlebt sich anders. Und das ist es wert, sich in der Fastenzeit zu trainieren, um zu spüren: Ich lebe selbst, anstatt gelebt zu werden. Ich gestalte mein Leben so, wie es mir gut tut. Das stärkt das Selbstwertgefühl und die Gesundheit.

Im ausgewogenen Rhythmus leben

Die Pole von Bewegung und Ruhe

Zur gesunden Lebensweise gehört nach der antiken Lehre von der vernunftgemäßen, d.h. gesunden körperlichen und seelisch-geistigen Lebensweise ein gesundes Maß von Bewegung und Ruhe. Auch die moderne Medizin entdeckt die heilsame Wirkung eines ausgewogenen Rhythmus' wieder.

Wenn ich diese beiden Pole in mir gut verbinde: die Bewegung und die Ruhe, das Gebet und die Arbeit, dann lebe ich auf Dauer gesund. Dann lebe ich – wie man es heute nennt – nachhaltig: Ich gehe nachhaltig und nicht nachlässig mit meinen Kräften um.

Bewegung tut gut

Es tut uns gut, zu wandern und zu laufen, uns zu bewegen. Manche Menschen, die zu wenig Bewegung haben, werden nicht nur körperlich krank. Sie klagen oft auch über depressive Verstimmungen. Die Bewegung lässt uns nicht nur unseren Körper intensiver spüren, sie tut auch unserer Seele gut. Bewegung ist Leben. Sie hält uns lebendig, lockert Verspannungen, fördert die Durchblutung und aktiviert, wie die Mediziner heute wissen, auch das Gehirn. Viele verordnen sich heute ein tägliches Bewegungsprogramm. Sie joggen oder machen Nordic Walking, schwimmen oder gehen einfach spazieren. Da viele Tätigkeiten heute im Sitzen oder Stehen ausgeübt werden, tut uns die tägliche Bewegung gut. Durch das Laufen werden viele Muskeln aktiviert. Das wirkt sich heilsam auf den ganzen Körper und auf die Seele aus. Außerdem werden durch die Bewegung Endorphine, die sogenannten Glückshormone, ausgeschüttet, so dass auch die seelische Stimmung sich aufhellt.

Bewegung entlastet

Gerade aktive Menschen erfahren die Quelle ihrer Kraft eher im Wandern als im stillen Sitzen. Wenn sie auf einen Berg steigen, kommen sie mit ihrer Energie in Berührung. Wenn sie vorher noch so erschöpft waren, noch so frustriert von der Arbeit, so bringt sie das Wandern wieder mit ihrer inneren Quelle in Berührung. Sie schwitzen vielleicht beim Bergsteigen und fühlen sich müde. Doch trotz der Anstrengung erleben sie eine innere Frische. Neue Kraft strömt in sie ein. Die Sorgen des Alltags sind wie weggewischt. Der Kopf ist wieder frei. Andere fahren nach der Arbeit Fahrrad. Dabei können sie sich freitreten von allem, was sie belastet. Sie genießen die Landschaft mit ihrer Weite und spüren, wie bei diesem Anblick auch das Herz weit wird. Die Erfahrungen, die wir in der Natur machen, beim Wandern, beim Radfahren und ähnlichem sind deshalb so heilsam für uns, weil sie uns auch mit wichtigen Erlebnissen in der Kindheit in Berührung bringen, als wir unseren vitalen Bewegungsdrang noch freier ausleben konnten, und weil sie uns neu und intensiv bewusst machen: In der Schöpfung Gottes ahnen wir etwas von der unerschöpflichen Fülle des Lebens, an der wir teilhaben dürfen.

Zur Ruhe finden

Genauso wichtig wie die Bewegung ist auch die Ruhe. Viele kommen sogar in der Bewegung, im zweckfreien und dadurch fast meditativen Laufen etwa, zur Ruhe. Es gibt das besinnliche Laufen, das wie eine Art Meditation ist. Es gibt freilich auch das unruhige Laufen, das Flüchten vor sich selbst. Wer rastlos tätig ist und nie zur

Ruhe kommt, wer sich immer aktivistisch bewegen muss, der ist auch in Gefahr, vor sich selbst davonzulaufen. Zur Ruhe kommen ist nicht nur ein körperlicher Vorgang, der darin besteht, dass wir einfach nichts tun und sitzenbleiben. Viele Menschen möchten heute unbedingt zur Ruhe kommen. Aber sobald nichts los ist, werden sie unruhig und geraten in Panik. Denn da werden sie mit ihrer eigenen Wahrheit konfrontiert. Enttäuschungen steigen hoch oder auch Schuldgefühle. Davor laufen wir lieber davon. Daher gilt der Satz Jesu als Bedingung, dass wir zur Ruhe finden: „Die Wahrheit wird euch freimachen." (Joh 8,32) Nur wenn wir unsere eigene Wahrheit anschauen können, im Vertrauen, dass sie von Gott angenommen ist, können wir wirklich zur Ruhe finden. Die psychologisch sehr sensiblen Mönchsväter sagen unruhigen Mitbrüdern, die alles Mögliche für andere tun wollen, aber sich selbst nicht aushalten können: „Bleib in Deinem Kellion sitzen. Halte Dich aus mit Deiner Unruhe. Nur dann kannst Du zur

Ruhe kommen." In seinem Kellion kann aber nur der bleiben, der das, was in ihm an Enttäuschungen, Ärger, Unzufriedenheit hochkommt, nicht bewertet. Er hält es einfach aus und hält es Gott hin. Dann kann er es loslassen und so zur Ruhe kommen.

Beten und Arbeiten

Bewegung und Ruhe beziehen sich aber auch noch auf einen anderen Bereich. Man könnte dieses Gleichgewicht mit der benediktinischen Formel „ora et labora = bete und arbeite" umschreiben. Für Benedikt ist es ein Kennzeichen eines spirituellen Menschen, dass er gut arbeitet, dass die Arbeit aus seinen Händen einfach ‚fließt'. Aber damit die Arbeit fließen kann, müssen wir immer auch in Berührung kommen mit der inneren Quelle des Heiligen Geistes. Das Gebet ist der Weg, mit dieser inneren Quelle in Kontakt zu treten.

Gebet ist dabei durchaus auch eine Tätigkeit. Manche verwechseln Gebet mit „Umsichkreisen", „Fürsichsorgen". Gebet ist aber ein Weg zur Quelle. Ich versuche in der Stille an die Quelle zu kommen, die auf dem Grund meiner Seele strömt. Aber diese Quelle will auch hineinströmen in meine Arbeit. Ich erlebe immer wieder Menschen, die vor lauter „Fürsichsorgen" gar nicht zum Fließen kommen. Sie kreisen immer nur um sich und haben Angst, überfordert zu sein. Oder sie sind ständig krank, weil sie zu sehr um das eigene Wohlergehen kreisen. Bei kleinen Kindern ist es die Begeisterung, die ihr Gehirn aktiviert und neue Kräfte in ihnen weckt. So ist auch das Gebet zu verstehen. Es ist der Kontakt mit der Quelle des Heiligen Geistes. Oder – so könnte man es auch sehen – es ist die Berührung mit dem Geist, der in mir ist und mich begeistern möchte für das Werk, das der Geist Gottes durch mich wirken möchte.

Der dänische Philosoph Sören Kierkegaard (1813–1855) hat einmal gesagt: „Der heutige Zustand der Welt, das ganze Leben ist krank. Wenn ich Arzt wäre und man mich fragte: Was rätst du?, ich würde antworten: Schaffe Schweigen!" Wir alle brauchen also immer wieder Zeiten der Stille, in denen wir uns zurückziehen können vom Lärm, der uns oft genug umgibt, vom Lärm der Arbeit oder auch von den vielen Gesprächen. Lärm macht krank. Wer sich ständig äußerem Lärm aussetzt und wer den inneren Lärm nicht abschalten kann, der wird krank.

Jeder hat andere Formen entwickelt, wie er sich zurückziehen kann. Der eine geht spazieren, der andere macht einen so genannten Wüstentag, einen Tag der spirituellen Vertiefung und Konzentration, ohne die Anforderungen des Alltags. Ein anderer zieht sich in sein Zimmer zurück und zieht den Telefonstecker heraus, damit er nicht erreichbar ist. Jeder von uns braucht die Möglichkeit des Rückzugs, damit er Rückhalt findet, einen festen Halt, auf dem er stehen kann. Der Rückzug ist immer verbunden mit der Rücksicht auf sich selbst. Ich schone mich selbst, gehe rücksichtsvoll mit mir um, damit die innere Quelle wieder fließen kann. In einer hektischen lärmenden Welt braucht es die Ruhe, um die Kraft zu entdecken, die in uns liegt. Menschen, die die Stille erfahren, werden wieder gestärkt für den Alltag. Sie haben aus ihrer inneren Quelle getrunken.

Aus der Ruhe kommt die Kraft

„Ora et labora" meint also nicht nur, dass ich mir Zeiten für das Gebet und für die Stille reserviere, um dann die Zeit der Arbeit besser durchstehen zu können. Es geht um die innere Verbindung dieser beiden Pole: Mitten bei der Arbeit soll ich mir immer wieder bewusst machen, dass nicht ich alles tun muss, sondern dass ich aus der inneren Quelle des Heiligen Geistes schöpfe. Das verändert auch meine Arbeit. Sie wird nicht so anstrengend. Sie fließt einfach aus mir heraus, ohne dass ich davon erschöpft werde. Die Kunst besteht also darin, mitten in der Arbeit aus der inneren Ruhe heraus zu wirken. Auch wenn ich tätig bin, gibt es in mir den Raum der inneren Stille, in der die Quelle des Heiligen Geistes in mir sprudelt. Es geht darum, mich in der Arbeit immer wieder daran zu erinnern, dass der innerste Kern in mir ruhig ist und dass da eine Quelle in mir strömt, die nie versiegt. Aus der Ruhe kommt die Kraft. Wer hektisch arbeitet, der verbreitet um sich Hektik, einen Fieberzustand, der den Menschen nicht gut tut. Wer gehetzt arbeitet, der hasst sich selbst. Denn Hetzen kommt von Hassen. Der hektische Mensch arbeitet weniger als der ruhige. Aus der Ruhe heraus arbeite ich klarer und effizienter. Ich habe nicht so viele Reibungsverluste. Ich kann mich ganz auf die Arbeit einlassen. Die Arbeit fließt aus mir heraus. Die Spannung von Ruhe und Bewegung ist also die Bedingung für eine gute und effektive Arbeit.

Heilsame Pausen

Wer Pausen macht, kommt leichter zur Ruhe. Das deutsche Wort „Pause" kommt vom griechischen „anapauso", ausruhen. Es meint eine heilsame Unterbrechung des gewohnten Ablaufs. Ich bleibe stehen. Die Vorsilbe „ana" meint „hinauf". Die Pause hat etwas damit zu tun, dass ich nach oben blicke. Ich schaue nicht einfach auf den Weg, den ich gehe, auf die Arbeit, die ich tue. Ich schaue auf zum Himmel. Die Pause hat etwas mit dem Einbruch des Himmels in meine irdische Existenz und in mein weltliches Handeln zu tun. Ich

halte inne, um den Himmel über mir zu spüren, um Gott über mir, um mich herum und in mir wahrzunehmen.
Ich bin froh, dass der klösterliche Alltag mir die Gelegenheit zu Pausen gibt. Da ist vor allem die große Mittagspause. Sie beginnt mit dem Chorgebet in der Kirche, der Mittagshore. Dann essen wir schweigend zu Mittag. Und dann lege ich mich für eine halbe Stunde hin, um auszuruhen. Nicht jeder hat diesen Luxus einer langen Mittagspause. Aber jeder sollte diese Zeit für sich nutzen. Der eine geht bewusst aus dem Arbeitsraum ins Freie oder an einen Ort, an dem er sich wohl fühlt. Ein anderer genießt das Essen. Er isst bewusst langsam und schmeckt die Speisen, die er isst. Ein weiterer legt sich für ein paar Minuten still auf den Boden hin oder er setzt sich bequem in den Sessel, um auszuruhen und so alles, was war, bewusst im Atem auszuatmen. Einer geht bewusst auch auf räumliche Distanz zu seinem Büro, setzt sich in eine nahegelegene Kir-

che und genießt die Ruhe. Und er fühlt sich von etwas Heiligem umgeben, von einer Wirklichkeit, die seine Seele heilt. Ein anderer macht diese Erfahrung, indem er im Park spazierengeht. Im kräftigen Ausschreiten geht er sich frei von dem, was ihn belastet.
Wichtig ist, den eigenen Arbeitstag anzusehen und zu überlegen: Bin ich mit der Gestaltung meiner Pausen zufrieden? Wenn nicht, dann denke darüber nach, was du anders machen kannst. Setze dir eine bestimmte Zeit für die Pause. Frage dich: Ist die Begegnung mit anderen Menschen wichtig oder willst du nur für dich allein sein? Und dann spüre, was du brauchst.

Zeit rhythmisieren

Es gibt verschiedene Möglichkeiten, seine Zeit gut zu gestalten. Ein Weg dazu besteht auch in der guten Rhythmisierung. Die Zeit ist in unserer Erfahrung schon immer rhythmisiert. Die Jahreszeiten geben der Zeit ihren Rhythmus, aber auch Morgen, Mittag und Abend strukturieren die Zeit eines jeden Tages. Wenn ich mich auf den guten Rhythmus der Zeit einlasse, auf die vorgegebene Struktur des Tages, dann tut mir das gut. Sich auf den Rhythmus des Lebens einzustellen, ist gesund. Jeder hat seinen eigenen Biorhythmus. Wenn ich ständig gegen diesen inneren Rhythmus arbeite, werde ich schnell müde und fühle mich ausgelaugt. Wenn ich dagegen im Rhythmus meines Leibes und meiner Seele lebe, bin ich im Einklang mit mir. Ich habe nicht den Eindruck, zerrissen und gehetzt zu sein. Und die Arbeit geht mir gut von der Hand. Aber ich bin nicht Sklave der Arbeit. Ich kann in der Beziehung zu dem, was ich tue, Sinn erfahren. C. G. Jung meint, wer im Rhythmus arbeitet, arbeitet effektiver. Wer gegen seinen Rhythmus sich nur vom Terminkalender bestimmen lässt, der geht nicht nachhaltig mit seinen Kräften um. Er wird in kurzer Zeit ausbrennen. Die Griechen nennen das Unzeitgemäße, das, was gegen den inneren Rhythmus ist, „aoros". Es bedeutet nicht nur „ohne Zeit" oder „gegen die Zeit", sondern auch „hässlich". Was gegen den inneren Rhythmus läuft, ist hässlich. Es widerspricht unserem Wesen, unserer Würde. Es tut uns nicht gut und ist nicht gesund.

Innere Halte-Punkte

Damit ich auch mitten in der Arbeit mit meiner inneren Quelle in Berührung bin, braucht es immer wieder innere Halte-Punkte, in denen ich mich selbst spüre. Eine wichtige Hilfe, mitten in der Arbeit die innere Ruhe zu spüren, mich selbst zu spüren, meine Mitte zu erleben, besteht in den Ritualen. Sie schaffen immer wieder eine heilige Zeit, die der Welt entzogen ist. So erlebe ich mitten im Tun etwas, worüber das Tun und die Anforderungen der Arbeit nicht verfügen können. Das gibt mir die Möglichkeit, mitten im Handeln innerlich frei zu bleiben und mich nicht von außen bestimmen zu lassen. Die Kraft der Rituale besteht darin, dass sie uns das Gefühl geben, dass wir selber leben, anstatt gelebt zu werden. Jeder kann seine eigenen Rituale entwickeln. Wir können nicht den ganzen Tag über mit unserer Quelle in Berührung sein. Aber wir brauchen tägliche Rituale, in denen wir innehalten, um die eigene Mitte und in der Mitte die Quelle zu spüren, die in uns sprudelt. Ohne dieses Innehalten versiegt die Quelle in uns oder wir verlieren die Beziehung zu ihr.

Langsam – Schritt für Schritt

Unsere Lebenswelt und unser beruflicher Alltag sind in aller Regel von einem schnellen Tempo geprägt. Da tut es gut, einmal bewusst einen Gegenakzent zu setzen. Am besten, man sucht sich einen kleinen Weg aus, den man ganz bewusst langsam geht. Jeden Tag. Das kann das Treppensteigen sein. Es kann der Weg zum Briefkasten sein. Oder der Weg in den Garten. Es kann ein Weg sein, den du sowieso jeden Tag gehst. Es kann aber auch ein Weg sein, den man bewusst als Ritual gestaltet, indem man etwa eine Runde in seinem Garten dreht.

Versuche, ganz langsam zu gehen. Setze Schritt vor Schritt. Spüre mit deinen Händen den Lufthauch. Es ist gut, wenn du dabei für dich allein bist, ohne Zuschauer. Aber indem du extrem langsam gehst, spürst du, was es heißt, ganz im Augenblick zu sein, was es bedeutet, Schritte zu tun, zu gehen, die Welt zu erleben. Du bist ganz in deinem Gehen. Du musst nichts leisten. Du musst dich nicht konzentrieren. Du wirst sehen, dass das extrem langsame Gehen dich innerlich verlangsamt. Wie du in deinem Herzen ankommst. Wenn du das täglich übst, wirst du eine Veränderung in dir feststellen. Du kannst den langsamen Weg entweder an eine bestimmte Zeit (am Morgen oder am Abend beim Nachhausegehen von der Arbeit) oder an einen bestimmten Ort (den Flur deiner Wohnung, das Treppenhaus, den Gang zum Briefkasten) binden. Dann wirst du jeden Tag etwas von der Verlangsamung deines Lebens spüren. Es wird dir neue Kraft geben auch für die Arbeit, bei der es dann durchaus schnell gehen darf.

Vom Schlafen und vom Wachen

Was den Schlaf stört

Viele Menschen klagen heute über Schlafstörungen. Schlafstörungen haben viele Gründe: Die einen können wegen ihrer Probleme nicht schlafen und weil sie ihre Sorgen nicht loslassen können. Manche kommen abends einfach nicht ins Bett. Sie meinen, sie müssten noch dies oder jenes erledigen. Sie nehmen sich oft zu wichtig. Oder aber sie setzen sich vor den Fernseher, weil sie zu müde sind, etwas Sinnvolles zu tun. Aber dann bleiben sie länger sitzen, als ihnen gut tut. Am nächsten Tag ärgern sie sich darüber, dass sie wieder so lange vor dem Fernseher Zeit vergeudet haben. Da ist es gut, eine feste Zeit zu haben, zu der man schlafen geht. Es geht nicht darum, sich in einen Zeitplan einzuzwängen. Es geht darum, durch eine kluge Tagesordnung Freiräume zu schaffen, in denen man die Zeit genießen oder eben das tun kann, was einem Spaß macht. Wieder andere verschlafen ihr Leben und drücken sich vor Verantwortung. Schon die Ärzte der Antike haben als einen Ort des gesunden Lebens den ausgeglichenen Wechsel von Schlafen und Wachen gesehen. Der englische Kinderarzt und Psychoanalytiker Donald W. Winnicott hat dieses alte therapeutische Wissen in einem kleinen Gedicht, dem er den Titel „Schlaf“ gab, wachgehalten: „Lass Deine Wurzeln wachsen / zur Mitte Deiner Seele. / Sauge den Saft auf / aus der unversiegbaren Quelle / Deines Unbewussten / und / werde lebendig ohne Ende.“

Jeder hat sein eigenes Maß

Es geht also darum, im Schlaf sich für das Leben zu erholen, nicht vor dem Leben in den Schlaf zu fliehen. Wichtig dabei ist der erste Grundsatz des gesunden Lebens: ein gutes Maß zu haben, auch an Schlaf und Wachen. Jeder hat sein eigenes Maß. Der hl. Benedikt ist darauf bedacht, dass die Mönche nicht zu viel, aber auch nicht zu wenig Schlaf haben. Dabei gesteht er den Mönchen im Winter mehr Schlaf zu als im Sommer. Das entspricht unserem inneren Rhythmus. Zu diesem Rhythmus gehört auch, dass alte Menschen weniger Schlaf brauchen als junge, oder dass Frauen mehr Schlaf benötigen als Männer. Sicher ist nur: Wer ständig zu wenig schläft, schadet seiner Gesundheit. Aber auch wer zuviel schläft, lebt nicht gesund. Jeder soll sein eigenes Maß selbst entdecken. Wer viel meditiert und auch im Alltag achtsam lebt, braucht weniger Schlaf. Aber es gehört zur Demut, sich einzugestehen, dass wir genügend

Schlaf brauchen, um dann wirklich aufzuwachen und wach durch das Leben zu gehen.

Träume – vergessene Sprache Gottes

Während des Schlafes träumen wir. Auch wenn wir uns nicht immer an die Träume erinnern, so wissen wir doch, dass die Träume wichtig sind. Wer ständig am Träumen gehindert wird oder wer sich durch zuviel Alkohol- oder Tablettenkonsum am Abend selber am Träumen hindert, der wird auf Dauer krank. Die Träume sind wie eine Verdauung der Seele. Oft geben sie uns eine wichtige Botschaft und zeigen uns, wie es um uns steht. Sie machen uns auf Themen aufmerksam, die wir bearbeiten sollten. Und oft zeigen sie uns auch Schritte, die wir gehen sollen. Manche haben Angst vor Albträumen, die bedrücken oder ängstigen. Psychologisch gesehen sind auch sie gut. Sie zwingen uns, uns der eigenen inneren Wahrheit zu stellen. Verfolgungsträume etwa: Wir wachen schweißgebadet auf, wenn uns jemand verfolgt und zu ermorden droht. Doch das, was uns im Traum verfolgt, weist auf eine Schattenseite in uns hin. Wir sollten uns mit dieser Schattenseite anfreunden. Dann wird sie oft zu einer Quelle neuer Kraft und Lebendigkeit. Die Träume hat John Sanford, ein Schüler C. G. Jungs, „die vergessene Sprache Gottes" genannt: In den Träumen deckt Gott uns die eigene Wahrheit auf. Oft aber zeigt er uns im Traum auch, dass sich Neues in uns anbahnt. Wenn wir etwa von Kindern träumen, ist das immer ein Zeichen, dass Neues in uns geboren wird. Bischof Synesius, der im vierten Jahrhundert ein Traumbuch geschrieben hat, meint: Viele hätten im Traum das Heilmittel entdeckt, das ihre Krankheit heilt. Das ist auch eine Erfahrung, die heute viele machen dürfen. Sie erkennen im Traum, was ihrer Seele gut tut. Nicht bloß in dem buchstäblichen Sinn, dass sie auf eine Heilpflanze hingewiesen werden.

Sie sehen etwa im Traum Menschen, bei denen sie Rat suchen sollen. Oder hören ein Wort, das ihnen den Weg weist.

Die Sonne soll über eurem Zorn nicht untergehen

(Eph 4,26)

Der Epheserbrief fordert uns auf, die Sonne nicht untergehen zu lassen über unserem Zorn. Viele Christen haben diese Forderung erfüllt und versucht, vor dem Schlafengehen Frieden zu schließen mit denen, die im Streit mit ihnen liegen. Ehepaare haben sich das zur Regel gemacht, dass sie den Konflikt noch vor der Nacht klären oder zumindest dem andern signalisieren, dass man dem andern nichts nachträgt. Evagrius Ponticus hat den Mönchen diese Regel eingeschärft und der hl. Benedikt zählt diese Übung zu den Instrumenten des geistlichen Lebens. Evagrius begründet diese Regel psychologisch. Er meint, wer zornig ins Bett geht, der wird nachts von Alpträumen heimgesucht. Ihm werden wilde Tiere und giftige Schlangen im Traum begegnen. Die werden ihn innerlich lähmen, so dass er am Morgen innerlich aufgewühlt und ängstlich aufwacht, ohne Kraft, den neuen Tag zu bewältigen. Das gesunde Schlafen – so zeigt uns diese Regel – hat immer auch eine ethische Dimension. Das Sprichwort drückt es so aus: „Ein reines Gewissen ist ein gutes Ruhekissen."

Mit Schlafstörungen umgehen

Was sollen nun Menschen machen, die an Schlafstörungen leiden und etwa nicht einschlafen können? „Viele Dinge – solche wie Lieben, Einschlafen, natürliches Benehmen – misslingen meistens, wenn wir uns am meisten darum bemühen." Das hat der christliche Schriftsteller C. S. Lewis einmal gesagt. Wichtig ist also, nicht gegen sich selber anzukämpfen. Der erste Weg zu einem gesunden Schlaf geht über gute Abendrituale. Rituale schließen eine Tür und öffnen eine Tür. Die Tür des Tages muss geschlossen werden, damit die Tür der Nacht und des Schlafes aufgehen kann. Wenn ich nicht einschlafen kann, ist ein einfaches Gebet eine gute Hilfe. Für manche ist es der Rosenkranz, für andere das Jesusgebet. Beide Gebete leben von der Wiederholung und von ihrer Einfachheit. Beim Jesusgebet kann ich die Arme über der Brust kreuzen und in dieser Haltung immer wieder mit dem Atem das Wort verbinden: „Herr Jesus Christus, Sohn Gottes, erbarme dich meiner." Dann fühle ich mich im Gebet von Gott getragen. Ich bin nicht fixiert darauf, dass ich möglichst bald einschlafe. Es ist nicht mehr so wichtig, wie lange ich schlafe. Denn in dieser Haltung bin ich geborgen und erhole mich. Wenn ich nachts wieder aufwache, kann das eine Chance sein, Gott zu fragen, wie es Samuel in der Bibel tut: „Rede Herr, dein Diener hört." Was will Gott mir sagen? Es geht nicht darum, zu grübeln, sich herumzuwälzen und sich dabei aufzureiben. Es ist eine Chance, mit Gott über mein Leben zu sprechen oder das Wachen einfach zu nutzen, um für mich selbst oder für andere zu beten. Irgendwann werde ich dann über dem Beten und im Beten einschlafen. Viele haben Angst, zu wenig zu schlafen und dann am nächsten Tag den Anforderungen nicht gewachsen zu sein. Doch wenn ich das Wachen zum Beten und Mich-in-Gott-hinein-Fallenlassen nütze, dann werde ich am nächsten Tag auch die Kraft haben, mich den Herausforderungen zu stellen.

Es fällt ab, was belastet

Halten Sie jeden Abend, bevor Sie ins Bett gehen, Ihre Hände in Form einer Schale. Halten Sie Ihre Hände und alles, was darin ist, Gott hin. Verzichten Sie darauf, zu bewerten,

was heute geschehen ist. Bewerten Sie nicht das, was Sie getan und gesprochen haben. Schließen Sie auch die Schwierigkeiten des heutigen Tages mit ein. Halten Sie auch Ihre Wunden und Ihre Dunkelheiten Gott hin. Übergeben Sie ihm alles, was Sie in Ihren Händen halten. Spüren Sie nach, was sich dabei für Sie verändert.
Gottes zärtliche Hände tragen Sie. Seine starken Hände schützen Sie. Sie umgeben Sie und begleiten Sie. In diese Hände hinein dürfen Sie sich fallen lassen. Lassen Sie sich dieser Nacht in diese Hände fallen. Mit allem, was Sie beschäftigt. Mit ihren Sorgen und Ängsten. Mit Ihren Dunkelheiten und depressiven Gefühlen. Indem Sie sich fallen lassen, fällt von Ihnen ab, was Sie belastet. Die Meinungen der anderen interessieren Sie nicht mehr. Sie sind bei sich und fühlen sich lebendig. In diesem inneren Raum des Schweigens sind Sie ganz und heil.

Absonderungen und Ausscheidungen

Überflüssiges ausscheiden

Die Diätetik der antiken Medizin behandelt als fünfte Regel die von Absonderungen und Ausscheidungen. Das scheint uns zunächst fremd zu sein. Doch auch die moderne Psychosomatik weiß, dass das Thema sowohl den Leib als auch die Seele betrifft.
Der Begründer der psychoanalytischen Psychosomatik, Georg Groddeck, behandelt in seinen Schriften etwa das Problem der Verstopfung ganz ausführlich. Er meint, es ließe immer auch auf die psychische Struktur des Menschen schließen. Wer an Verstopfung leidet, der hält etwas zurück, was eigentlich ausgeschieden werden sollte. Groddeck beklagt,

dass viele Menschen zwar Zeit zum Essen, aber nicht zur Verdauung und zum Ausleeren finden. Auch die große Ärztin und Naturforscherin des Mittelalters, Hildegard von Bingen, ist sich nicht zu gut, über diese scheinbar niederen Funktionen des Menschen zu sprechen. Für sie sind sie ein keineswegs zu verachtendes Instrument des geistigen Lebens. Sie vergleicht den Verdauungsvorgang mit der Kelter, in der alles Überflüssige ausgeschieden wird, der kostbare Wein aber in den Krug kommt.

Wir müssen viel „verdauen"

Bekannt ist, dass der hl. Thomas Morus auch ein Gebet um gute Verdauung formuliert hat. Das zeigt seinen Humor und den Realismus seiner Menschlichkeit. Wir sprechen im Übrigen nicht nur über die körperliche Verdauung, die uns ein gutes Gefühl hinterlässt.

Auch von geistiger Verdauung ist die Rede: Wir sagen, dass wir ein Erlebnis, eine konkrete Erfahrung, erst einmal „verdauen" müssen – Lob, aber auch Tadel etwa. Es muss erst durch unsere Seele hindurchfließen, bis wir es richtig beurteilen können. Wenn unsere Seele noch zu aufgewühlt ist, verdaut sie das Erlebte nicht. Und wir wissen, dass Schockerlebnisse, wie ein Autounfall, oft nicht verdaut werden. Sie bewirken in uns häufig eine Schockstarre. Wir können dann nicht sofort zu den alltäglichen Ereignissen zurückkehren. Wir sind unfähig, unsere normale Arbeit zu erledigen. Verdauen hat mit dem Tau, mit der Flüssigkeit zu tun. Verdauen meint, das Harte und Starre verflüssigen, damit es sich in meinen Leib ergießen kann. Das gilt aber auch für seelische Probleme: Erst wenn wir sie verdauen, kommt unser Leben wieder in Fluss.

Bei älteren Mitbrüdern erlebe ich, wie wichtig für sie die Verdauung ist. Sie beobachten sich genau, ob sie gut verdauen, ob sie Verstopfung oder Durchfall haben. Beides weist darauf hin, dass wir nicht angemessen verdauen. Wer an Durchfall leidet, der zieht zu wenig Kraft aus der Nahrung. Wer an Verstopfung leidet, der fühlt sich unwohl. Das Leben stockt in ihm. Es fließt nicht mehr. Wie wir verdauen, das hängt einmal von der Nahrung ab, die wir zu uns nehmen. Es will aber auch etwas aussagen über unsere Psyche. Und wir sollten gut hinhorchen, was uns der Leib sagen möchte.
Seit jeher wissen wir, dass wir nach einem üppigen Mahl wenig Lust haben, geistige Tätigkeiten zu vollbringen. Wir werden eher müde. Die Lateiner sagten: „Plenus venter non studet libenter – ein voller Magen studiert nicht gern." Und das deutsche Sprichwort rät: „Nach dem Essen sollst du ruhn oder tausend

Schritte tun." Viele überspannen ihren Tagesrhythmus. Nach dem Essen kann man nicht mit gleicher Kraft und Konzentration arbeiten. Eine Pause ist da nötig. Ein kurzer Mittagsschlaf oder ein Spaziergang, das tut auch der Verdauung gut.

Beziehungen klären

Von der Symbolik her hat der Verdauungstrakt immer etwas mit unseren Beziehungen zu tun. Manchmal haben wir einen nervösen Magen. Oft ist das ein Zeichen, dass wir uns in der Gegenwart anderer nicht wohl fühlen oder dass unsere Beziehung zu den Menschen, mit denen wir gerade bei Tisch sind oder mit denen wir arbeiten, nicht geklärt sind. Es geht daher nie nur darum, Medikamente einzunehmen, um den Magen zu beruhigen oder um die Verdauung zu fördern. Vielmehr geht es immer auch darum, seine

Beziehungen anzuschauen. Seit jeher kennen die Menschen Heilkräuter, die die Verdauung fördern. Das sind sicher gute Hilfen. Die Chinesen wussten, dass Ingwer der Verdauung gut tut. Die chinesischen Kaiser haben immer dann, wenn sie auf Reisen gingen, Ingwer mitgenommen. Auf Reisen werden ja oft auch die Beziehungen unklar. Man trifft neue Menschen. Man weiß nicht, wie man mit ihnen dran ist. Die Heilkräuter, die die Natur für uns bereithält, unterstützen unseren Leib. Wir sollen sie zu Hilfe nehmen, wenn wir an Verdauungsproblemen leiden. Aber zugleich sollten wir immer auch die psychische Dimension berücksichtigen und die körperlichen Symptome als Einladung verstehen, unsere Beziehungen zu klären, uns gegenüber bestimmten Menschen besser abzugrenzen, um uns innerlich frei zu fühlen.

Die Sportmedizin empfiehlt seit langem: Wir sollten uns so bewegen, dass wir dabei ins Schwitzen kommen und allen inneren Dreck herausschwitzen. Die Wohltat des Schwitzens ist bei allen Völkern bekannt und beliebt. Die Indianer kennen die Schwitzhütte, die Japaner das Schwitzbad. Bei uns gehen viele regelmäßig in die Sauna, um herauszuschwitzen, was sie innerlich belastet. Sie fühlen sich dann wie neugeboren. Wenn ich im Urlaub zum Bergsteigen gehe, schwitze ich auch ganz viel aus mir heraus. Manchmal frage ich mich, ob sich die Anstrengung lohnt, an einem Tag 800 Meter Höhenunterschied zu überwinden. Aber nicht nur das Gipfelerlebnis lohnt die Anstrengung, sondern auch das Schwitzen. Allerdings gibt es auch ein Schwitzen, das uns eher unangenehm ist. Wenn wir aufgeregt sind, schwitzen wir. Es gibt ein Schwitzen, das Unsicherheit und Anspannung verrät. Das wollen wir am liebsten abstellen. Doch auch da ist es gut, das Schwitzen anzunehmen als Ausdruck unserer Gefühle. Es ist gut, wenn unser Leib uns auf die starken inneren Gefühle hinweist, damit wir sie ernst nehmen.

Schädliche Fremdstoffe

Schwitzen und Verdauen, Absonderungen und Ausscheidungen betreffen immer den Leib und die Seele zugleich. Wenn zu viele Fremdstoffe in unserem Leib sind, schadet uns das. Das gilt auch für unsere Seele. Wenn wir zu viel der fremden Gedanken und Gefühle, zu viele Probleme anderer in uns aufnehmen, dann belasten sie uns. Wir brauchen eine innere Verdauung. Und wir sollen alles, was fremd in uns ist, ausscheiden. Heute strömen so viele Bilder und Berichte in uns ein, dass wir sie gar nicht verarbeiten können. Daher gilt es nicht nur, eine Diät im Essen zu pflegen. Auch im Aufnehmen von Informationen und Bildern und Geschehnissen von außen täte uns eine Diät gut. Vor allem aber sollten wir die unverdauten Brocken der anderen nicht in uns aufnehmen. Wir sollen sie beim anderen lassen. So wie wir nach dem Essen gerne die Ruhe des Schlafes genießen, brauchen wir bei all dem, was wir in uns aufnehmen, immer wieder die Stille, damit sich alles Trübe in uns setzen und dann langsam ausgeschieden werden kann. Seit jeher haben die Menschen die Stille als ein Heilmittel für die Seele erfahren. In der Stille kann sich all das in uns setzen, was uns aufgewühlt und was unsere Seele eingetrübt hat. Die fremden Emotionen, die sich mit unseren Emotionen vermischt haben, können sich klären. So ist die Stille ein wichtiger Ort, an dem wir das, was in uns eingedrungen ist, klären und ausscheiden können.

Sich Stille gönnen

Gönnen Sie sich tagsüber immer wieder Stille. Wenn Sie eine aufwühlende Sitzung oder ein schwieriges Gespräch hatten, dann gehen Sie nicht gleich zum nächsten Tagesordnungspunkt über. Setzen Sie sich hin und lassen Sie die inneren Turbulenzen zur Ruhe kommen. Sie sollen nicht nochmals alles Revue passieren lassen oder das Problemgespräch innerlich wiederholen. Sonst wühlen Sie sich noch mehr auf. Setzen Sie sich einfach still hin und stellen sich vor: All die inneren Turbulenzen setzen sich. So wie ein Wein ruhig stehenbleiben muss, damit sich das Trübe in ihm setzt und wir den guten Wein trinken können, so soll sich auch all das Trübe in Ihnen setzen. Der Geist wird dann klar werden. Die Seele ist nicht mehr beschmutzt. Die trübe Schicht ist unten und verunreinigt nicht mehr das Denken und ihre Emotionen.

Der nächste Schritt wäre, das Trübe auszuscheiden. Stellen Sie sich vor, dass Sie im Ausatmen bewusst in den Grund Ihrer Seele gehen, dorthin, wo sich all das Trübe niedergesetzt hat. Und stellen Sie sich vor, dass Sie all das Trübe ausatmen, im Ausatmen gleichsam aus sich herausfließen lassen. Wenn Ihnen das nicht gelingt – vor allem, wenn Sie zu sehr aufgewühlt sind –, dann laufen Sie sich frei. Stellen Sie sich vor, dass Sie all das, was Sie belastet, im Laufen fallen lassen. Sie befreien sich im Laufen von allem inneren Ballast. Dabei kann das Schwitzen beim Laufen eine Unterstützung sein. Stellen Sie sich vor, dass Sie all das ausschwitzen, was sich in Ihnen festgesetzt hat. Wir brauchen Rituale, um all das Unverdaute in unserem Leib und in unserer Seele auszuscheiden und uns davon zu befreien, damit der reine Wein der Liebe unseren Leib und unsere Seele erfüllt. Wenn wir uns diese Rituale der Reinigung gönnen, können wir den Wein unserer Liebe in uns genießen. Wir fühlen uns wohl, rein und klar.

Energiequelle Aggression

Die Kraft, etwas anzupacken

Aggressionen und Sexualität sind die beiden wichtigsten Lebensenergien. Wenn sie abgeschnitten werden, fehlt dem Menschen eine wichtige Energiequelle. Der angemessene Umgang mit Aggressionen ist ein wichtiger Weg zum gesunden Leben.
Das Wort Aggression kommt vom Lateinischen „aggredi = auf etwas zugehen, heranschreiten, angreifen". Die Aggression ist also die Kraft, etwas anzupacken, etwas in die Hand zu nehmen. Aggressionen wollen das Verhältnis von Nähe und Distanz regeln. Wenn ich aggressiv bin, dann hat das meist darin die Ursache, dass jemand meine Grenze überschritten hat und dass ich diese Grenze habe überschreiten lassen. Die Aggressionen sind die Kraft, mich

vom anderen zu distanzieren und eine gesunde Grenze aufzubauen und mich so gegen seine Angriffe oder Übergriffe zu schützen. Und wenn der andere mich verletzt hat, dann ist die Aggression die Kraft, ihn aus mir herauszuwerfen, ihm den Zutritt zu meinem inneren Haus zu verbieten.

In der Aggression steckt also ein energischer Impuls, etwas zu verändern oder zu verbessern. Wer nur über die schlechten Zustände jammert, der vergeudet seine Energie im Kreisen um sich selbst. Mit der Energie der Aggression kann man versuchen, die Probleme zu lösen, das Mögliche anzupacken und zu ändern.

Wenn ich mich ärgere, dass etwas in einer Gruppe schief läuft, kann die Aggression mir Abstand geben zu den Mitgliedern der Gruppe. Sie kann aber auch der Impuls sein, alle zusammenzurufen und das Problem zu lösen. Dann führt die Aggression nicht nur Unzufriedenheit oder Bitterkeit, sondern sie klärt etwas und schafft so eine klare Atmosphäre, in der alle wieder gerne atmen.

Die Kraft, sich zu schützen

Von Jesus erzählt uns Markus, wie er am Sabbat einen Mann mit einer verdorrten Hand heilen wollte. Die Pharisäer beobachten ihn voller Feindseligkeit. Wenn er wirklich am Sabbat heilen würde, könnten sie gegen ihn vorgehen. Da heißt es von Jesus: „Er sah sie der Reihe nach an, voll Zorn und Trauer über ihr verstocktes Herz." (Mk 3,5) Jesus hat die Pharisäer nicht angeschrieen. Aber in seinem Zorn will er ihnen sagen: Da seid ihr mit eurem verstockten Herzen. Ich verurteile euch nicht. Aber ich gebe euch keine Macht. Ich tue trotzdem das, was ich von Gott her und von meinem Empfinden her für richtig halte. Für mich ist die reine Gesetzesbeobachtung in diesem Fall: Böses tun und Leben vernichten.

Jesus grenzt sich von den Pharisäern ab. Die Aggression ist die Kraft, dass er trotz des Widerstandes von außen das tut, was er als richtig empfindet. Aggression meint also nicht ein Explodieren und Herumschreien, sondern eine klare Abgrenzung als Selbstschutz. Wenn ich explodiere, gibt es Scherben, die ich nach der Explosion wieder aufsammeln muss. Eine klare Aggression bricht nichts entzwei. Sie schafft vielmehr den nötigen Abstand, um mich innerlich frei zu fühlen. Sie klärt auch die Beziehung zum andern. Von Jesus heißt es, dass er nicht nur zornig war, sondern auch voll Trauer. Das griechische Wort „syllypousthai" meint: mitfühlen, mitleiden. Jesus schafft durch die Aggression eine gesunde Distanz zu den Pharisäern. Aber in der Trauer, im Mitgefühl streckt er gleichsam die Hand aus, um mit ihnen in Kontakt zu treten. Er verurteilt sie nicht. Er möchte durchaus eine Beziehung zu ihnen aufbauen. Doch bei den Pharisäern, die sich in dieser Szene hinter der Mauer ihrer

Gruppe verstecken, hat Jesus keinen Erfolg. Sie weichen der Konfrontation mit Jesus aus. Sie gehen aus der Synagoge heraus, um dann in ihrem Kreis, in dem sie sich sicher fühlen, zu beschließen, Jesus zu töten. Die Szene zeigt uns, dass wir nie allein Aggression leben sollen, sondern immer gemeinsam mit der Trauer, dem Mitfühlen mit dem, von dem wir uns innerlich distanzieren und befreien. Aber auch die Kombination von Aggression und Mitgefühl ist keine Garantie, dass die Beziehung zum andern gelingt.

Was krank macht

Wir brauchen die Aggressionen, um uns gerade bei der Arbeit gegenüber Mitarbeitern zu schützen, die gegen uns arbeiten oder die uns verletzen wollen. Und wir brauchen die Aggression auch in der Familie, um uns nicht ständig vom Ehepartner oder von den alten Eltern verletzen zu lassen. Die Psychologie sagt uns, dass wir krank werden, wenn wir die Aggression unterdrücken. Da sind zum Beispiel die Depressionen. Sie haben viele Ursachen, aber *eine* Ursache kann sein, dass wir die Aggressionen nicht nach außen, sondern gegen uns selbst richten. Die Aggressionen drücken sich dann im Wüten gegen uns selbst aus, in Selbstverurteilung, Selbstbeschuldigung und manchmal in Selbstbestrafung. Manchmal werden Menschen auch depressiv, weil sie sich von ihrer Aggressionskraft abgeschnitten haben. Ich habe einen Mann begleitet, der als Kind sehr jähzornig war. Aber der Vater hat ihm den Jähzorn weggeprügelt. So hat er sich immer nur angepasst. Aber mit 40 Jahren wurde er depressiv. Er kam erst wieder in seine Kraft, als er die lange unterdrückte Aggression zugelassen hat.

Aber auch körperliche Krankheiten können Ausdruck von unterdrückter Aggression sein. Wenn ich mir nicht erlaube, meine Aggressionen in angemessener Weise zu äußern, übernimmt oft der Leib die Aggression. Indem ich krank werde, grenze ich mich ab von den Erwartungen der anderen. Von mir her hätte ich nicht den Mut, mir eine Auszeit zu gönnen und mich so den Anforderungen von außen zu entziehen. Nur wenn ich krank werde, erlaube ich mir die Zeit für mich. Manchmal kann die Krankheit auch eine aggressive Äußerung nach außen sein. Eine Studentin erzählte mir von einer Kommilitonin: Wenn die Migräne hatte, dann durften die anderen Studenten nicht lachen, sonst wurden sie angefahren. Die Studenten erlebten diese Migräne als höchst aggressiv, denn die Studentin bestimmte damit die Stimmung in der Gruppe.

Klar und bestimmt

Klare Abgrenzung gegenüber Menschen, die uns nicht gut tun, ist wichtig. Aggression muss aber immer angemessen geäußert werden. Das heißt: in Beziehung zum jeweiligen Menschen. Oft bekommen Menschen unsere Aggressionen ab, die gar nichts mit ihnen zu tun haben. Wir haben unseren Ärger anderen gegenüber oder einer schiefgelaufenen Sache gegenüber unterdrückt. Jetzt bekommt ihn der Nächstbeste ab. Das ist nicht angemessen. Angemessen meint immer auch: in Klarheit und Bestimmtheit, aber nicht unbeherrscht. Wer unbeherrscht seine Aggressionen nach außen lässt, der verletzt Menschen. Und er gibt sich auch ständig selbst Blößen. Er demonstriert nicht Kraft, sondern Schwäche. „Wer brüllt, hat es nötig", sagt man. Es kommt darauf an, die Aggression in innere Klarheit zu verwandeln, mit der wir uns klar abgrenzen, wenn andere unsere Grenze überschreiten wollen, und mit der wir klar und bestimmt eine Sache in Angriff nehmen, um sie zu lösen oder besser zu regeln. Dann ist die Aggression eine wichtige Lebensenergie, die uns gesund hält.

Innere Zerrissenheit aufheben

Viele Menschen fühlen sich innerlich zerrissen. Sie sind hin- und hergerissen zwischen ihren verschiedenen Bedürfnissen, hin und her gerissen zwischen Menschen, denen sie ihre Zuneigung zeigen wollen, die aber untereinander zerstritten sind. Ein Weg, seine innere Zerrissenheit zu überwinden, geht über die Annahme der eigenen Gegensätzlichkeit. Wir sind nie eindeutig. Wir haben immer zwei Pole in uns: Liebe und Aggression, Verstand und Gefühl, Männliches und Weibliches, Bewusstes und Unbewusstes. Die eigene Gegensätzlichkeit anzunehmen, verlangt ein Abschiednehmen von falschen Idealbildern, als ob wir nur gut und nur lieb oder fromm wären. Wenn ich meine Gegensätze annehme, hören sie auf, mich zu zerreißen. Dann machen sie mich weit. Ich kann das Gegensätzliche in mir nicht leugnen und das Widersprüchliche in mir nicht ausscheiden. Damit würde ich mich selbst beschneiden. Wenn ich mich jedoch mit meiner Gegensätzlichkeit aussöhne, dann geschieht auch etwas Positives: Ich fühle ich mich eins mit mir und allem, was in mir ist.

Es ist durchaus sinnvoll, sich dies auch körperlich bewusst zu machen. Eine Möglichkeit ist für mich ist die Gebärde des Kreuzes. Das kann eine Hilfe sein, diese innere Spannung anzunehmen. Ich stelle mich aufrecht hin und strecke meine Arme nach rechts und links, so wie Jesus am Kreuz angenagelt war. Ich spüre die Gegensätze in mir. Sie können mich zerreißen. Doch wenn ich mich ganz in diese Gebärde gebe, dann macht sie mich weit. Ich könnte die ganze Welt umarmen. Nichts

Menschliches, nichts Kosmisches ist mir fremd. Alles ist in mir. Diese Erfahrung schenkt mir Weite und Freiheit und Liebe zu allem, was ist.

Wenn ich die Hände über der Brust kreuze, ist es eine Gebärde der Selbstumarmung. Ich umarme das Starke und Schwache in mir, das Gesunde und das Kranke, das Heile und das Zerbrochene, das Gelebte und das Ungelebte, das Gelungene und das Misslungene, das Vertrauen und die Angst, die Freude und die Trauer, die Aggression und das Mitgefühl, die Liebe und den Hass, das Helle und das Dunkle, das Bewusste und das Unbewusste. Wenn Sie sich in dieser Gebärde einige Minuten hinstellen, dann haben Sie das Gefühl, dass Sie mit sich selbst eins sind. Sie umarmen liebevoll all die inneren Gegensätze. Das macht innerlich frei und weit.

Sexualität – integrierte Lebenskraft

Nicht verdrängen

Neben der Aggression ist die Sexualität die wichtigste Lebensenergie. Doch über Sexualität kann man kaum objektiv reden oder schreiben. Jeder liest das Geschriebene auf dem Hintergrund seiner eigenen Erfahrungen mit der Sexualität. Die Erfahrung zeigt: Der falsche Umgang mit Sexualität macht krank, der richtige dagegen ist eine Quelle von Gesundheit. Dass die misslungene Integration der Sexualität nicht nur den einzelnen in seiner Unreife belässt, sondern auch zum Schaden für andere gereicht, ist in der Missbrauchsdebatte allen deutlich geworden.

Für Sigmund Freud war die verdrängte und unterdrückte Sexualität die Ursache vieler Krankheiten. Wenn er auch in seiner Krankheitsdeutung auf die Sexualität fixiert war, so hat er doch wichtige Einsichten für den gesunden Umgang mit der Sexualität beschrieben. Wenn ich Sexualität als etwas Negatives ansehe, das nicht sein darf, dann werde ich sie unterdrücken. Und jedes Mal wenn sie sich regt, bekomme ich Schuldgefühle. Viele Christen haben in ihrer Erziehung diese negative Sicht der Sexualität gelernt. Das war nicht nur Schuld der Kirche, sondern letztlich auch Ausdruck einer Gesellschaft, die die Sexualität unterdrückt hat. Wenn ich die Sexualität verdränge, dann kreise ich letztlich doch immer darum. Ich habe immer Angst, dass sie mich doch überfällt. Oder aber die verdrängte Sexualität sucht sich andere Ventile. Ein Ventil sind körperliche Krankheiten. Ein anderes Ventil sind psychische Erkrankungen. Zwangserkrankungen haben oft mit verdrängter Sexualität zu tun. Man hat Angst vor der Sexualität und möchte sie daher mit Zwangsritualen kontrollieren. Doch das gelingt nicht. So gerät man immer tiefer in Zwänge hinein. Manchmal drückt sich die verdrängte Sexualität auch in Geltungssucht und Eitelkeit aus oder aber in Überempfindlichkeit gegenüber der Kritik durch andere. Und oft führt die verdrängte Sexualität dazu, dass wir ständig um die sexuellen Fehltritte anderer kreisen und über andere hart urteilen, um von unseren eigenen Problemen abzulenken.

Eine gute Gabe

Was ist aber ein gesunder Umgang mit der Sexualität? Die wichtigste Voraussetzung ist, dass ich Sexualität als gute Gabe Gottes dankbar annehme. Sexualität ist nichts Schlechtes, sondern dem Menschen von Gott gegeben. Sexualität ist einmal auf Fruchtbarkeit ausgerichtet. Das bedeutet aber nicht nur, Kinder zu bekommen. Die Sexualität kann sich auch in geistiger Fruchtbarkeit ausdrücken. Wenn das Leben strömt und fließt, dann ist letztlich die angenommene Sexualität immer mit dabei. Sexualität hat mit Sensualität zu tun, mit Sinnlichkeit und mit dem Leib. Wir nehmen unsere Sexualität an, wenn wir gut mit unserem Leib umgehen, wenn wir uns wohlfühlen im Leib und ihn auch genießen können mit seiner Sinnlichkeit. Sexualität ist eine Quelle der Gesundheit, wenn sie personal verstanden wird. Sie ist nicht einfach ein Trieb, der ausgelebt werden muss, so wie der Hungertrieb Befriedigung braucht. Vielmehr ist sie Ausdruck einer personalen Begegnung. Sie regt sich in jeder Begegnung zwischen Mann und Frau. Sie zeigt sich als erotische Kraft, die Männer und Frauen in ihrem Miteinander befruchtet und inspiriert. Und sie ist der Gipfel der Liebe zwischen Mann und Frau. In ihr drücken beide ihre Hingabe an den anderen am intensivsten aus.

Sexualität ist seit jeher auch die Quelle von Kultur. Die integrierte Sexualität drückt sich in der Dichtung, in der Musik, in den Kunstwerken aus. Ohne Sexualität wäre die Kultur langweilig. Sie gibt ihr die Lebendigkeit. Und Sexualität ist eine Quelle von Spiritualität. Die Mystiker haben ihre Erfahrungen mit Gott und mit Jesus Christus oft in einer erotischen Sprache beschrieben. Das, was die Sexualität verheißt, haben sie in ihrer Beziehung zu Gott nicht nur geistig, sondern auch leibhaft erfahren. Es ist die Verheißung der Ekstase, in der ich mich selber völlig vergessen kann, in der ich mich übersteige in etwas Größeres hinein. In der gelebten Sexualität ist es die Liebe zum andern, in die wir uns übersteigen. Die Liebe ist größer als Mann und Frau, die darin eins werden. In der Spiritualität ist es die Liebe Gottes, in die hinein wir uns in der Ekstase fallen lassen. Es ist immer ein Geschenk, wenn wir diese Erfahrung machen dürfen.

Aufgabe des Menschen ist nicht, die Sexualität zu unterdrücken oder zu verdrängen. Das macht krank. Vielmehr geht es darum, sie immer mehr als Ausdruck persönlicher Liebe und Zuwendung zu kultivieren. Die Sexualität kann sich auch als Trieb verselbständigen, der den Menschen beherrscht. Er wird dann zum Getriebenen, der von der Sexualität beherrscht wird. Für jeden wird die Integration der Sexualität in sein Leben anders aussehen. Aber entscheidend ist, dass wir die Sexualität als gute Gabe Gottes sehen. Dann können wir uns an ihr freuen. Dann öffnet sie uns den Blick für das Faszinierende unseres Leibes und für das Faszinierende der Beziehung von Mann und Frau. Sie zeigt uns, dass wir uns nicht selbst genügen, sondern dass wir in unserem ganzen Wesen hingeordnet sich auf andere Männer und Frauen, dass Männer und Frauen sich ergänzen, befruchten und inspirieren.

Es gibt kaum eine Norm für den idealen Umgang mit Sexualität. Auch wenn wir sie noch so in unser Leben zu integrieren suchen, wird sie uns manchmal auch überrumpeln und beherrschen. Daher sagen die frühen Mönche, dass Demut wichtig ist, um sich immer wieder mit seiner Sexualität auszusöhnen. Sie zeigt uns, dass wir Menschen sind mit vitalen Bedürfnissen, die so tief in unserem Leib und unserer Seele verankert sind, dass man sie nicht einfach durch Glauben oder Spiritualität überspringen kann. Ganz gleich, ob man in der Ehe, als Single oder als bewusst Eheloser lebt, die Sexualität verlangt von uns, dass wir sie annehmen und so kultivieren, dass sie uns lebendig macht, für die Menschen öffnet und letztlich auch für Gott. Denn in der Sexualität steckt die Sehnsucht nach Ekstase, die letztlich nur von Gott erfüllt werden kann.

Ritual

Setzen Sie sich still hin und lenken Sie Ihren Atem beim Ausatmen nicht nur in den Unterbauch, sondern weiter in die Genitalien. Und dann stellen Sie sich vor, dass der Einatem von dort her in den ganzen Leib strömt. Der Atem – so sagt der persische Dichter Rumi – ist Gottes Liebesduft. In Ihrem Einatmen strömt Gottes Liebesduft in Sie ein und im Ausatmen lassen Sie diesen Liebesduft bis in die Genitalien hinein strömen. Stellen Sie sich vor, dass Ihre Sexualität ganz und gar von Gottes Liebesduft durchdrungen und erfüllt wird. In solchen Augenblicken können Sie erahnen, dass alles in Ihnen eins ist: Sexualität und Spiritualität, Geist und Trieb, Leib und Liebe. Und Sie können erahnen, dass die Sexualität eine Quelle der Spiritualität ist. Wenn die Sexualität von Gottes Liebe durchdrungen ist, dann strömt durch sie hindurch diese Liebe in Ihren ganzen Leib. Ihre Erotik ist dann nicht mehr Begehren, sondern Gottes Liebe, die im Leib fibriert, die leibhaft erfahrbar wird.

Beziehungen – Leben, das zum anderen strömt

Soziales Immunsystem

„Der Mensch ist die Medizin des Menschen“, heißt ein afrikanisches Sprichwort. Dass gute Beziehungen für unsere Gesundheit förderlich sind, das haben in den letzten Jahren auch viele medizinische und psychologische Untersuchungen aufgezeigt. Der israelisch-amerikanische Medizinsoziologe Aaron Antonowsky, der Begründer der Salutogenese, spricht vom sozialen Immunsystem. Das bedeutet: Wer in einer guten Beziehung lebt, in einer Freundschaft, in einer lebendigen Ehe, in einer intakten Familie, der lebt normalerweise gesünder. Die gute Beziehung stärkt sein Immunsystem. Er ist nicht so anfällig für Krankheiten. Und wenn er krank ist, wird er früher wieder gesund als Menschen, die abgeschnitten und isoliert sind. Beziehungen sind relevant für unsere Gesundheit nicht nur im positiven, die Gesundheit stärkenden Sinn. Wenn Beziehungen fehlen, kann das sogar Ausdruck von Krankheit sein.

Beziehungslosigkeit als Krankheit

Es gibt Psychologen, die sagen: Die Krankheit unserer Zeit ist die Beziehungslosigkeit. Viele Menschen haben die Beziehung zu sich selbst verloren, die Beziehung zu den Dingen, zu den Menschen und zu Gott. In der Depression wird diese Beziehungslosigkeit Ausdruck einer Krankheit. Der depressive Mensch spürt sich selbst nicht mehr. Er spürt auch den Partner oder die Partnerin in der Ehe nicht mehr. Selbst wenn er mit dem Partner schläft, spürt er weder ihn noch sich selbst. Beziehungslosigkeit schneidet uns vom Leben ab. Wir können das Leben gar nicht mehr wirklich genießen. Wir kreisen nur um uns selbst und isolieren uns von den Menschen und letztlich auch von den Dingen. Jürg Willi, der Schweizer Psychologe und Paartherapeut, stellt fest, dass die heutigen Formen neurotischer Störungen oft Ausdruck von Beziehungslosigkeit sind. Magersucht und Borderline sind z.B. neurotische Erkrankungen, bei denen man nur um sich selbst kreist und die anderen Menschen völlig außer acht lässt. Frühere neurotische Erkrankungen wie hysterische Neurose, Angstneurose und Herzneurose waren immer auf andere Menschen ausgerichtet. Man hatte Angst vor dem Urteil und vor der Nähe der anderen. Die Beziehung zu den anderen war noch wichtig. In der Magersucht, so die psychologische Deutung, verweigere ich die Beziehung. Da versuche ich, mein Leben zu kontrollieren, anstatt mich an das Leben und an Menschen hinzugeben.

In der Begleitung treffe ich immer wieder auf Menschen, die beziehungsunfähig sind. Da beklagt sich ein Mann, dass keiner ihn versteht und dass er nirgends ankommt. Seine Familie versteht ihn nicht, beachtet nicht, dass er sich für sie abarbeitet. Im Umfeld seiner Arbeit kommt er nicht an. Überall erfährt er Ablehnung und Unverständnis. Er meint es gut. Er liest Bücher, macht sich Vorsätze, um alles besser zu machen. Aber alles bleibt im Kopf. Offensichtlich muss er mit dem Kopf alles kontrollieren, weil er Angst hat, sich auf das Ungewisse einer Beziehung einzulassen. Doch je mehr er mit dem Kopf kontrollieren will, desto mehr gerät ihm das Leben außer Kontrolle. Kontrolle ist der Tod jeder Beziehung. Ohne Beziehung aber fühlt sich der Mensch tot. So entsteht ein Teufelskreis von Kontrolle und Erstarrung.

Eine gute Vorbeugung gegen zu häufiges Erkranken ist der Aufbau guter Beziehungen. Die erste Bedingung, um eine gute Beziehung zu einem Freund oder Freundin oder zum Ehepartner aufzubauen, ist, dass ich mit mir selbst in Beziehung trete. Nur wenn ich mit mir in Berührung bin, kann ich mit anderen Menschen in Berührung kommen. Ich habe dann keine Angst mehr, dass der andere in mir etwas entdecken könnte, was ich vor mir verborgen habe. Wenn ich selber eingetreten bin in das Haus meines Leibes und meiner Seele, wird es mir auch möglich, den anderen in mein Haus eintreten zu lassen. Ich kann ihm alles zeigen, was in mir ist, weil ich es mir selbst erlaubt habe, dass mein Lebenshaus so aussieht. Die Beziehung zu mir selbst nimmt mir die Angst vor der Nähe des anderen. Weil ich mir nahe geworden bin, vermag ich auch die Nähe des anderen nicht nur zuzulassen, sondern sie sogar zu genießen. Weil ich mir Freund bin, kann ich auch mit einem anderen Freund sein. Ich erlebe die Beziehung zu ihm als etwas Bereicherndes. Ich will nicht in ihn eindringen und ihn ausforschen. Ich kann das Geheimnis dieses Menschen spüren, der so anders ist als ich.

Beziehung zum anderen wird nur möglich, wenn ich ihn nicht bewerte, sondern einfach nur spüren möchte. Das nimmt dem anderen die Angst vor mir. Wo Angst ist, kann wahre Liebe nicht sein. Wenn wir uns um eine gute Kommunikation bemühen, werden wir spüren: Sie gelingt dann, wenn ich von mir erzähle, von dem, was ich empfinde. Die Psychologie sagt, wir sollten Ich-Botschaften senden. Auf keinen Fall sollen wir über den anderen ein Urteil fällen. Wir können nur sagen, wie sein Verhalten oder seine Worte auf uns wirken und was sie in uns auslösen. Aber es steht uns nicht zu, den Sprechenden selbst zu bewerten. Immer wenn wir den anderen bewerten, versucht er sich zu verteidigen. Dann geht es nicht mehr um Hören und Verstehen, sondern um Rechthabenwollen. Das ist aber der Tod einer Beziehung.

Gegenseitige Achtsamkeit – ein Gesundheitsfaktor

Wenn ich achtsam bin, achte ich auf den anderen. Ich nehme ihn wahr in seinen Gefühlen, in seinen Reaktionen. Ich spüre mich in ihn hinein, wie es ihm geht. Und ich frage mich, was er braucht. Das tut ihm gut. Aber wenn ich achtsam bin, gehe ich gut auch mit meinen eigenen Gefühlen um. Wenn ich mich innerlich gestört fühle, frage ich mich, was die Störung ausgelöst hat. Hat ein Wort mich nur an alte Wunden erinnert? Oder habe ich etwas vom anderen wahrgenommen, das mir weh tut? Dann kann ich versuchen, das, was ich wahrnehme, ins

Wort zu bringen, damit wir gemeinsam achtsamer und damit besser mit uns umgehen.

Viele Beziehungen kranken daran, dass der Partner nicht beim anderen ist, sondern bei seiner Arbeit oder bei den Sorgen, die er sich um die Zukunft macht. Lebendig wird eine Beziehung durch Achtsamkeit. Das bedeutet: Ich achte auf mich, auf meine Gefühle und Regungen. Und ich achte auf die Regungen und Bedürfnisse des anderen. Ich spüre mich in ihn hinein. Ich lege ihn nicht fest auf ein Bild, sondern bin bereit, mich in sein Inneres zu versetzen, mir vorzustellen, wonach er sich sehnt, wie es ihm geht, was er fühlt. Achten hat mit Wachen zu tun. Wir schlafen oft. Wir haben uns eingelullt mit irgendwelchen Vorstellungen vom Leben und vom anderen. Achtsam leben heißt: aufwachen, die Augen aufmachen und den anderen so anschauen, als ob man ihn noch nie gesehen hätte. Es bedeutet: jemanden nicht nur mit äußeren

Augen anzuschauen, sondern mit den Augen des Herzens.
Richtig verstanden ist die Arbeit an der Beziehung auch eine Arbeit an unserer Gesundheit. Denn gesund ist der Mensch nur, wenn er in Beziehung ist. Gesund ist nur der, bei dem das Leben strömt. Und strömen kann es nur, wenn es zum anderen hinströmt.

Krankheit – hör auf deinen Leib!

Krankheiten sind wie bellende Hunde

Im Märchen von den „Drei Sprachen" spielen bellende Hunde eine wichtige Rolle. Sie hausen im Turm und haben schon manchen verschlungen. Sie zeigen nun einem jungen Mann, der ihre Sprache gelernt hat, den Schatz, den sie hüten: Sie bellen nur deshalb so laut, weil sie den Schatz hüten. So sind auch unsere Krankheiten oft bellende Hunde, die uns auf den Schatz aufmerksam machen möchten, den wir in uns tragen, an dem wir aber vorbeileben. Der „Schatz", von dem in dem Märchen die Rede ist, ist ein Symbol. Er meint das wahre und ursprüngliche Bild, das Gott sich von uns gemacht hat. Gerade dort, wo die Menschen krank sind, könnte ihr eigentlicher Schatz liegen. Wo sie am meisten Probleme haben, könnten sie auch in Berührung kommen mit ihrem unverfälschten Bild. Wir sollen dankbar sein, wenn der Leib reagiert. Denn letztlich will Gott selbst uns durch die Reaktion des Leibes zum Schatz führen, zu unserem eigentlichen Selbst. Die Krankheit ist oft der bellende Hund, der uns darauf hinweist, dass in uns ein Schatz vergraben liegt, an dem wir jedoch vorbeileben. In der Krankheit rebelliert der Leib gegen das Bild, in das wir ihn hinein gezwängt haben.

Leib und Seele

Es gibt auch in der christlichen Tradition Texte, die uns zeigen, dass die Altväter bei ihrer geistlichen Begleitung auf die Regungen des Körpers achteten, sowohl auf die Regungen des eigenen Körpers als auch auf das, was der Leib des anderen über ihn und seine Seele aussagte. Ihr Leib sagte nicht nur etwas über ihre Seele aus, so dass sie das, was den anderen wirklich bewegte, an ihrem Leib ablesen konnte. Sie wussten, der Leib weist uns auf Wahrheiten hin, die wir durch bloßes Nachdenken nicht erkennen. „Im Leib spricht Gott zu uns“: Wenn ich das verinnerliche, dann gehe ich anders mit meinem Leib um. Ich bin dann kein Hypochonder, der bei jedem kleinen Zwicken meint, er habe Krebs oder sonst eine schlimme Krankheit. Auf den Leib hören heißt vielmehr, auf die kleinen Impulse zu hören. Wenn ich an mir und meiner eigenen Wahrheit vorbeilebe, bleibt Gott oft nichts anderes übrig, als die laute Sprache des Leibes zu sprechen und mich in einer Krankheit darauf hinzuweisen, dass ich mir ein Bild überstülpe, das meinem wahren Bild nicht entspricht. Viele verstehen die Krankheit als einen Gegner, den man möglichst schnell bekämpfen und mit Medikamenten niederringen muss. Doch ich soll darauf hören, was

Gott durch diese Krankheit zu mir sagt. Dabei soll ich nicht so sehr in die Vergangenheit schauen und mich fragen, was ich verkehrt gemacht habe. Viele wühlen dann in ihren Schuldgefühlen und meinen, sie seien selber schuld an der Krankheit. Doch wenn sie sich mit Schuldgefühlen plagen, verstärken sie eher die Krankheit. Wenn ich mich frage, was Gott mir durch die Krankheit sagen möchte, werde ich auch achtsamer und behutsamer mit mir und meinem Leib umgehen.

Was die Seele kränkt

Die Seele wird krank, wenn sie von anderen gekränkt wird. Es gibt Worte, die einen anderen so tief verletzen, dass die Seele daran ihr Leben lang krankt. Wenn etwa ein Vater seine Tochter verflucht oder sie als Frau lächerlich macht, dann kann das so tief gehen, dass die Seele krank wird. Oder wenn ein Kind immer nur verletzende Worte erfahren hat, Ablehnung, Bedrohung, Kälte und Härte, dann kann die Krankheit der einzige Weg sein, durch den die Seele überleben kann. Dort, wo ein Mensch in seiner Kindheit sehr verletzt worden ist, bilden sich empfindliche Stellen. Und diese empfindlichen Stellen sind das Einfallstor der Kränkungen. Damit wir nicht immer wieder neu gekränkt werden, ist es daher wichtig, sich mit seinen Wunden auszusöhnen und sich mit seinen empfindlichen Stellen anzunehmen.

Es gibt noch einen anderen Grund für unsere Kränkbarkeit. Verletzbar sind wir immer dort, wo wir nicht im Einklang sind mit uns selbst, wo wir am liebsten Seiten in uns unterdrücken möchten, weil sie nicht unseren Idealvorstellungen entsprechen. Wenn wir ganz in unserer Mitte sind, im Einklang mit uns selbst, können uns andere nicht so leicht verletzen. Wir hören zwar die verletzenden Worte, aber sie können nicht tief in uns hineinfallen.

Noch etwas anderes macht die Seele krank: wenn sie etwas in sich abspaltet, was sie nicht akzeptieren kann. Hier sind oft zu hohe Idealvorstellungen der Grund, dass wir unsere Realität nicht wahrnehmen wollen. Wir wollen unserem Ich-Ideal entsprechen. Aber in uns gibt es auch Schattenseiten, wie C. G. Jung die nicht gelebten und ungeliebten Seiten in uns nennt. Je mehr wir den Schatten verdrängen, desto eher wird er uns krank machen. Er wird die Seele kränken, aber – wie die psychosomatische Medizin weiß – oft genug wird sich die gekränkte Seele auch in einem kranken Körper ausdrücken.

Was heilsam für die Seele ist

Heilsam für die Seele ist, dass sie sich geliebt weiß und sich auch selbst liebt, mit allem, was in ihr ist. Und heilsam ist, wenn die Seele atmen kann. Viele Menschen leben nur an der

Oberfläche. Dieses Abgeschnittensein von ihrer Seele macht die Seele krank. Nur wenn wir den inneren Zugang zur Seele bekommen, kann sie aufleben und sich entfalten. Die Seele braucht Nahrung. Das ist nicht nur die Liebe, sondern auch geistige Beschäftigung. Manche werden krank, weil sie der Seele keinen Raum geben. Die Seele braucht Flügel, Leichtigkeit und Weite. Wer ihre Flügel stutzt und ihren Raum einengt, der nimmt der Seele ihre Kraft.

Burnout und Müdigkeit

Der Leib reagiert nicht immer gleich mit Krankheit. Eine Reaktion ist die Müdigkeit. Es gibt eine Müdigkeit, die ich genießen kann. Ich lege mich aufs Bett und genieße die Schwere. Ich habe das Gefühl, dass ich mich für Gott und für die Menschen abgearbeitet habe. Jetzt lasse ich mich müde aufs

Bett fallen und genieße für zwanzig Minuten, einfach nur dazuliegen und nichts zu tun. Dann kann ich wieder aufstehen und bin fit für eine neue Tätigkeit. Viele nehmen ihre Müdigkeit nicht wahr, sie überspielen sie. Sie trinken schnell einen Kaffee, damit sie wieder weiter arbeiten können. Doch Müdigkeit kann zeigen, dass es noch etwas anderes als Arbeit gibt. Peter Handke hat in seinem „Versuch über die Müdigkeit" beschrieben, wie die Müdigkeit ein Weg sein kann, uns auf Wesentliches hinzuweisen. Er spricht – darin die Tradition der frühen Mönche aufnehmend – von einer klaräugigen Müdigkeit, in der wir erkennen, worum es eigentlich in unserem Leben geht. Er spricht von einer einenden Müdigkeit, die uns mit allen Menschen verbindet. Wenn wir unsere Müdigkeit unterdrücken, dann entsteht irgendwann eine „hässliche Müdigkeit", die uns aggressiv macht – auf uns selbst und auf die Menschen. Oder aber die Müdigkeit führt zum burn-out, zur völligen Erschöpfung, in der wir nur noch funktionieren und irgendwann auch das nicht mehr können, weil eine Erschöpfungsdepression uns im Griff hat.

Die Signale deuten

Oft will Gott uns durch die Krankheit sagen: „Halte inne! Überprüfe Dein Leben! Stimmt es so, wie Du es lebst? Oder hast Du Dir zuviel aufgebürdet?" Wenn wir auf Gottes Stimme in unserem Leib hören, dann dürfen wir durchaus die verschiedenen Signale deuten. Jede Krankheit hat eine andere Botschaft. Natürlich weist die Erkältung oft darauf hin, dass unser Immunsystem nicht stark genug war, die Viren, die von außen auf uns zukommen, abzuwehren. Wenn ich das Schlappsein zulasse, das ich in der Grippe spüre, dann geht mir Wichtiges über mich auf. Ich spüre, dass es nicht selbstverständlich ist, dass ich immer voller Lust arbeite. Wenn ich schlapp bin, habe ich keine Lust mehr zu arbeiten. Dann lasse ich diese Lustlosigkeit zu. Ich erkenne, dass es immer Geschenk ist, kreativ zu sein und arbeiten zu können. Die Krankheit zeigt uns die eigenen Grenzen auf.

Weg zum Wesentlichen

Natürlich dürfen wir in der Deutung der Krankheiten nicht übertreiben. Vor allem sollen wir nicht nach den Ursachen fragen. Sonst beschuldigen wir uns nur selbst. Vielmehr geht es darum, die Botschaft zu erkennen, die uns die Krankheit für die Zukunft gibt. Viele haben durch schwere Erkrankungen – etwa durch Krebs – viel für ihr Leben gelernt. Sie erzählen mir, dass sie ihr Leben völlig verändert haben, dass die Maßstäbe für ihr Leben sich für sie gewandelt haben. Jetzt spüren sie, worum es eigentlich in ihrem Leben geht. Sie leben achtsamer und behutsamer. Sie gehen nach innen. Die Krankheit hat ihnen gezeigt, dass sie sich nicht nur um ihren Leib, sondern vor allem um ihre Seele kümmern sollen, dass sie die Beziehung zur Seele und zu ihren leisen Impulsen intensivieren sollen. So können sie im Nachhinein sagen, dass die Krankheit für sie ein Segen war. Und sie können sagen: Gott hat mich durch die Krankheit geöffnet für mein wahres Wesen. Er hat mich auf einen neuen Weg gebracht, auf einen Weg der Achtsamkeit und der Offenheit für das Wesentliche.

Ritual

Setzen Sie sich bequem auf einen Sessel. Dann gehen Sie Ihren Leib durch vom Kopf bis zu den Füßen. Spüren Sie sich in den Kopf hinein. Wo reagiert Ihr Kopf auf Überlastung und Druck? Kennen Sie häufiges Kopfweh oder Migräne? Was will die Ihnen sagen? Welche Antwort geben Sie auf Ihr Kopfweh oder auf die Migräne? Wie geht es Ihnen mit Ihren Augen? Sind Sie dankbar für Ihre Augen? Wann geben Ihre Augen Warnsignale, dass Sie sie und sich selbst schonen sollen? Haben Ihre Ohren schon rebelliert, etwa durch einen Hörsturz oder durch Tinnitus? Gehen Sie weiter hinunter in den Hals. Wann reagiert Ihr Hals mit Halsschmerzen? Worauf weisen Sie Ihre Halsschmerzen hin? Oder kennen Sie den engen Hals, den zugeschnürten Hals oder den Kloß, der Ihnen im Hals steckt? Schauen Sie auf Ihre Schultern! Sind Sie da locker oder verkrampft? Wogegen wehren Sie sich in Ihren Schultern? Dann gehen Sie in den Brustraum. Können Sie weit atmen oder schnürt Ihnen etwas den Atem ein? Wie fühlen Sie sich in Ihrem Herzen? Wann reagiert das Herz mit Schmerzen oder mit Herzklopfen oder Herzflimmern oder mit Herzrhythmusstörungen? Vom Herzen spüren Sie sich in Ihren Rücken hinein! Kennen Sie Rückenprobleme? Worauf möchten Sie Ihre Rückenschmerzen hinweisen? Sind es unterdrückte Emotionen? Dann gehen Sie weiter nach unten in den Verdauungstrakt. Sind Sie dankbar, dass er seine Arbeit für Sie gut verrichtet? Oder haben Sie Probleme damit? Worauf will er Sie hinweisen? Dann spüren Sie in Ihre Nieren hinein. Was geht Ihnen an die Nieren? Oder die Galle: Geht Ihnen manchmal die Galle hoch? Oder wie ist es mit Ihrer Leber? Was ist Ihnen schon über die Leber gelaufen? Und dann spüren Sie sich in Ihre Beine hinein, in die Oberschenkel, in die Knie, in die Waden und in die Füße. Sind Sie dankbar für den Dienst Ihrer Beine? Oder spüren Sie, dass die Knie streiken oder Ihnen Beschwerden machen? Tun Ihnen Ihre Gelenke weh? Können Sie gut stehen oder haben Sie Probleme beim Stehen? Gehen Sie Ihren Leib durch und seien Sie dankbar für Ihren Leib und dafür, dass er Ihnen dient. Versuchen Sie, sich wohl zu fühlen in Ihrem Leib, Ihren Leib auch mit seinen Begrenzungen und Verwundungen anzunehmen. Und halten Sie Ihren Leib Gott hin, dass Gottes Geist gerade in die Bereiche strömt, die Ihnen Probleme machen. Und dann stellen Sie sich vor, dass ihr Leib, so wie er ist, mit seinen gesunden und kranken Bereichen, Tempel Gottes ist, dass Gottes Geist darin wohnt.

Achte auf die Emotionen!

Positive und negative Kräfte

Ein wichtiger Schritt der griechischen Diätetik, der Kunst des gesunden Lebens, besteht im Hören auf die „affectus animi", auf die Affekte und Emotionen unserer Seele. Auch die frühen Mönche sahen in diesem Hören auf die Emotionen und Leidenschaften der Seele einen wichtigen Schritt auf dem spirituellen Weg.

Das Ziel dieses Hörens und des richtigen Umgangs mit den Emotionen und Leidenschaften war die apatheia, die Freiheit vom Bestimmtwerden durch die Emotionen. Ein Psychologe definiert apatheia als Freisein vom pathologischen Verhaftetsein an die pathe, an die Leidenschaften. Evagrius Ponticus, der Psychologe unter den Mönchsschriftstellern des 4. Jahrhunderts, nennt die apatheia

die Gesundheit der Seele. Sie besteht nicht darin, dass man die Leidenschaften abschneidet, sondern dass man mit ihnen so umgeht, dass sie dem Leben dienen, dass sie uns lebendiger und kraftvoller machen.
Emotionen wollen uns antreiben. Das sagt ja das Wort „emovere“: herausbewegen. Die Emotionen sind heftige Reaktionen der Seele, die nach außen wollen und die uns antreiben wollen, etwas anzupacken. Verena Kast nennt z. B. die Freude eine gehobene Emotion, die uns gesund macht und uns die Kraft schenkt, etwas anzupacken und durchzutragen. Aber es gibt auch Emotionen, die uns negativ antreiben, wie Zorn und Wut, Eifersucht und Neid, oder die uns lähmen wie Traurigkeit und Depression. Die Frage ist, wie wir mit diesen Emotionen umgehen.

Was will die Emotion mir sagen?

Der erste Schritt ist das Hören auf die Emotion. Was will mir die Emotion sagen? Die Mönche sind überzeugt, dass hinter negativen Emotionen immer auch ein positives Bedürfnis des Menschen steckt. Doch oft sind diese Bedürfnisse übertrieben. So steckt oft hinter der Emotion der Traurigkeit das Bedürfnis, der Beste zu sein, überall beliebt zu sein, im Schlaraffenland alles zu haben, was wir möchten. Es sind letztlich infantile Vorstellungen, die wir uns vom Leben gemacht haben. Weil sich diese Vorstellungen als unrealistisch erwiesen haben, reagieren wir mit Traurigkeit. Die Traurigkeit wäre so eine Einladung, sich von infantilen Illusionen zu verabschieden. Wenn wir uns nicht von unseren übertriebenen Vorstellungen lösen, dann bleiben wir im Selbstmitleid hängen. Dann schwimmen wir gleichsam immer im Kreis. Wir kommen nie weiter.

Wenn wir unsere Emotionen unterdrücken, dann wirken sie sich oft im Körper als Krankheit aus. Das gilt z. B. für den unterdrückten Ärger. Wir wissen heute, dass Magengeschwüre oft Ausdruck von unterdrücktem Ärger sind. Aber der Ärger kann sich auch in anderen Krankheiten ausdrücken. Ja, jede Krankheit kann auch zum Ausdruck von Aggression gegen meine Mitmenschen werden. Eine Studentin erzählte mir, dass seit dem Herzinfarkt des Vaters nun keiner mehr dem Vater widersprechen darf. Da spürt man, dass diese Krankheit sehr viel aggressives Potential in sich birgt. Sie bestimmt nun die ganze Familie und verhindert jede Form von gesunder Aggression der Familienmitglieder.

Die Energie des Ärgers

Der Ärger ist oft eine wichtige Reaktion der menschlichen Seele. Wenn wir auf den Ärger hören, können wir ihn fragen, was er uns sagt. Aber dann ist die zweite Frage, wie wir mit dem Ärger umgehen. Wir können die Energie, die im Ärger steckt, in eine positive Energie verwandeln. Der Ärger treibt uns an, etwas zu verändern, ein Problem zu lösen, das bisher unter den Teppich gekehrt wurde. Er hat immer einen Sinn. Es kommt nur darauf an, wie wir damit umgehen. Wenn wir im Ärger ständig Selbstgespräche führen und uns alle möglichen Schimpfwörter für den anderen ausdenken, dann schadet er uns. Dann frisst sich in uns eine negative Stimmung fest. Wir werden bitter und hart. Der Ärger hat den Sinn, entweder etwas zu ändern oder aber sich auszusöhnen mit der Realität, die eben nicht meinen Vorstellungen entspricht.

Was Ärger ausdrückt

Oft ist der Ärger, den wir im Gespräch empfinden, durchaus eine wichtige Information über die Qualität des Gesprächs. Früher dachte ich immer, ich müsse den Ärger unterdrücken, den ich manchmal in Begleitungsgesprächen spürte. Ich sagte mir: „Ich bin Priester und muss daher freundlich sein." Doch mein eigener Begleiter sagte mir: „Nimm deinen Ärger ernst. Sonst wirst du ärgerlich auf alle Menschen." Der Ärger im Gespräch zeigt mir oft an, dass der andere nicht das anspricht, was ihn wirklich bewegt, sondern um sein eigentliches Problem herumredet. Der Ärger drückt aus, dass das Gespräch nicht zum wirklichen Thema vorstößt, dass es letztlich unfruchtbar bleibt. Wenn ich mein Gefühl ernstnehme, dann kann ich etwas mit dem anderen klären. Ich kann ihn fragen, ob das wirklich das sei, was er von seinem Herzen her sagen möchte, oder ob er noch etwas anderes auf dem Herzen habe. Und wenn er es verneint, dann kann ich ihm mein Gefühl sagen: Ich habe den Eindruck, dass Sie zu sehr an der Oberfläche bleiben. Ich wünschte mir, dass Sie in die Tiefe gehen, dass Sie das ansprechen, was Sie wirklich bewegt.

Wenn ich also auf meinen Ärger höre, wird er mir zur wichtigen Informationsquelle über mich und über den anderen. Und er wird mir zum Anlass, etwas anzupacken und zu lösen. Wenn ich ihn aber unterdrücke, dann wird er sich entweder in einer inneren Härte und Verbissenheit und Unzufriedenheit äußern, oder aber in körperlichen Krankheiten. Der Leib übernimmt dann die Reaktion, die die Seele nicht geben wollte.

Leben neu gestalten

Sprechen Sie mit Ihrem Ärger, anstatt sich über ihn zu ärgern. Fragen Sie ihn: Was willst du mir sagen? Wogegen wehre ich mich? Der Ärger zeigt ja oft, dass Sie Ihre Grenze nicht gut beachtet haben. Sie haben anderen zuviel Macht über sich gegeben. Sie haben Ihr Maß überschritten, in der Arbeit, im Engagement für andere. Der Ärger weist sie darauf hin, dass Sie besser für sich selber sorgen sollen. Fragen Sie sich, was Ihnen gut täte. Sie brauchen mehr inneren oder äußeren Abstand zu den Dingen, die Sie im Alltag beschäftigen. Spüren sie Ihre Grenze. Söhnen Sie sich damit aus, dass sie nicht unbegrenzt belastbar sind. Seien Sie dankbar, dass Ihre Seele mit Ärger reagiert. Es ist eine aktive Reaktion. Nur sollten Sie mit ihr auch aktiv umgehen. Den Ärger in sich hineinzufressen hilft nicht weiter. Werden Sie aktiv, indem sie mit den Menschen sprechen, über die Sie sich geärgert haben. Oder wenn Sie meinen, dass das nicht möglich ist, dann nutzen Sie den Ärger, um sich von den anderen zu distanzieren, sie gleichsam aus sich herauszuwerfen, ihnen keine Macht zu geben. Schützen Sie Ihre Wohnung und sagen Sie sich vor: Ich

erteile dem oder der innerlich Hausverbot. Zu Hause denke ich nicht über ihn nach. So wichtig ist er nicht. Ich lasse mir meine innere Ruhe nicht stören.
Wenn der Ärger ein Grundgefühl geworden ist, dann fragen Sie sich, wogegen Sie rebellieren. Ist Ihre ganze Lebensweise momentan eigentlich gegen Ihre innere Überzeugung? Haben Sie sich in etwas hineinziehen lassen, was Sie gar nicht wollen? Dann haben Sie Mut, Ihr Leben wieder so zu gestalten, dass es für Sie stimmt.

Gelb vor Neid

Die Sprache zeigt uns, dass Emotionen auch Krankheit hervorrufen können. Wenn wir sagen, einer werde gelb vor Neid, dann drückt sich sein Neid im Leib aus. Die gelbe Farbe weist auf einen Krankheitszustand hin. Neid ist eine Emotion, die uns oft heimsucht. Auch hier gilt das Prinzip, dass wir den Neid nicht unterdrücken, sondern mit ihm reden sollen. Das Gespräch mit dem Neid könnte so ablaufen: Ich frage meinen Neid, warum er so neidisch ist. Er wird mir vermutlich antworten: Ich möchte genauso viel Erfolg haben wie dieser Mann oder diese Frau. Ich möchte genauso gut aussehen, genauso intelligent sein, genauso viel Geld besitzen, genauso beliebt sein. Wenn ich mir all die Bedürfnisse anschaue, auf die mich mein Neid hinweist, dann merke ich: Ich kann nicht sein wie alle anderen zusammen. Jeder, mit dem ich mich vergleiche, hat nur eine Fähigkeit oder Eigenschaft, auf die ich neidisch bin. Aber ich kann all die anderen gar nicht kopieren. Und wenn ich alles hätte, was irgendein Mensch auf der Welt besitzt, dann wäre es langweilig, dann wäre ich nicht ich selber. Dann wäre ich die Summe von allem, aber nicht diese einzigartige Person, die ich bin. Indem ich die Bedürfnisse zulasse, auf die mich mein Neid hinweist, merke ich, wie unrealistisch all diese

Bedürfnisse sind. Und ich kann dann dankbar auf mich schauen, auf das, was Gott mir geschenkt hat. Ich verzichte dann darauf, mich zu vergleichen. Ich wende mich mir selbst zu und spüre mich selber. Dann lädt mich der Neid zur Dankbarkeit ein. Die ist für meine Gesundheit sicher zuträglicher als der Neid.

Nicht bewerten

So ist es ein wichtiger Weg gesundheitlicher Vorsorge, dass wir gut auf unsere Emotionen hören. Wir sollen sie nicht bewerten, sondern sie einfach nach ihrem Sinn befragen. Jede Emotion hat einen Sinn und will uns auf etwas hinweisen, das unsere Seele bewegt. Die Emotion will uns dazu bewegen, uns der eigenen Wahrheit zu stellen und unsere tiefsten Bedürfnisse zu entdecken, die sich oft unter den Emotionen verstecken. Die Emotionen bringen die Bedürfnisse ans Licht. Sie leisten das, was das

Wort „emovere" sagt: Sie bewegen die Bedürfnisse, so dass sie an die Oberfläche kommen und wirklich angeschaut werden können. Dann ist es ein weiterer Schritt, wie wir mit den Bedürfnissen umgehen. Es geht nicht darum, alle Bedürfnisse zu erfüllen. Aber nur wenn wir sie uns eingestehen, können wir angemessen damit umgehen. Verdrängte Bedürfnisse drücken sich auch oft in körperlichen Krankheiten aus. Wenn sich z.B. eine Mutter nicht eingesteht, dass sie das Bedürfnis nach Ruhe hat, dann zwingt sie ihr Leib, sich dieses Bedürfnis zu gönnen.

Größere Lebendigkeit

Besser wäre es, wenn wir nicht den Umweg über die körperliche Krankheit bräuchten, sondern sensibel und achtsam mit unseren Emotionen und Bedürfnissen umgingen. Es wird trotzdem immer wieder Situationen geben, wo

wir nicht achtsam genug sind. Dann sollen wir auf den Leib hören, der uns auf die unterdrückten Emotionen hinweisen möchte.
Das Hören auf die Emotionen macht uns sensibler, ehrlicher und freier. Wir bewerten die Emotionen nicht. Wir achten auf sie, suchen sie zu verstehen. Wir haben dann Emotionen und lassen uns von ihnen bewegen. Aber wir werden nicht von ihnen bestimmt oder beherrscht. Wir haben die Emotionen – nicht die Emotionen haben uns. Die Emotionen wollen uns zu größerer Lebendigkeit führen und letztlich zum Ziel unseres Lebens: zu Gott.

Getrübte Emotionen reinigen

Setze dich an eine Quelle oder an einen Bach oder Fluss und beobachte das Wasser, wie es einfach fließt. Viele werden ruhig, wenn sie einfach nur auf das strömende Wasser schauen. Du kannst dir vorstellen, dass das Wasser all die Trübungen abwäscht, die das ursprüngliche Bild Gottes in dir verstellen. Das Wasser reinigt dich auch von all den Trübungen deiner Emotionen. Oft sind deine Gefühle gleichsam beschmutzt von den Gefühlen, die dir aus deiner Umgebung zuströmen. Und das Wasser, das immer weiter fließt, befreit dich von allem Ballast, der sich auf dich gelegt hat, von den Problemen, die dich belasten. Und im Fließen kommt in dir etwas in Bewegung. Dein Leben beginnt wieder zu fließen und fruchtbar zu werden. Und du kannst dir vorstellen, dass im Wasser der Heilige Geist selbst deine Wunden heilt, all das Blinde in dir abwischt und das Erstarrte und Gelähmte zum Leben weckt. Und du siehst in dem Wasser, das immer wieder nachströmt, die unversiegbare Quelle des Heiligen Geistes. Du kannst aus dieser Quelle trinken, ohne dass sie jemals leer wird. So wirst du nie vertrocknen und nie erschöpft werden. Denn die Quelle, aus der du schöpfst, ist unerschöpflich, weil sie göttlich ist.

Verwandle deine Angst

Enge, die am Leben hindert

Angst ist eine starke Emotion, und sie hat ein Doppelgesicht. Sie kann uns warnen vor Gefahren und uns auf etwas Wichtiges in unserer Umwelt oder in unserer Seele hinweisen. Sie kann uns darauf hinweisen, dass wir unser Maß verloren haben, aber auch selber maßlos, so stark und übermächtig werden, dass sie uns zittern lässt und am Leben hindert. Wer überhaupt keine Angst hat, ist nicht gesund. Es geht auch nicht darum, alle Ängste zu überwinden. Es geht darum, dass wir lernen, mit der Angst zu leben. Sobald ich mich aussöhne mit meiner Angst, wandelt sie sich. Sie ist weiterhin da. Aber sie hat mich nicht mehr im Griff. Verdrängung der Angst führt zur Erstarrung und verbraucht sehr viel Energie. Wer seine Angst unter

Verschluss hält, dem fehlt die Energie zum Leben. Er fühlt sich oft erschöpft. Deshalb muss die Angst verwandelt werden. Dann wird sie zu einer Quelle des Lebens für uns. Es gibt viele konkrete Ängste, die wir auf ihren Kern hin befragen können.

Angst vor der Krankheit

Wenn der Bauch zwickt, wenn das Herz sich zu Wort meldet, wenn irgendetwas weh tut, dann bekommen manche sofort Angst, es könnte eine schlimme Krankheit sein. Ist der Durchfall nicht schon Zeichen für einen Darmkrebs? Sind die Herzschmerzen schon Anzeichen für einen Herzinfarkt? In Dänemark gibt es schon eine Klinik für Leute, die Angst haben, dass sie Krebs bekommen. Nicht der Krebs wird hier behandelt. Denn die Menschen sind nicht krebskrank. Ihre Krankheit ist vielmehr die Angst, sie könnten Krebs bekommen. Auch hier ist es gut, mit der

Angst zu sprechen und die Angst zu Ende zu denken. Ich kann mir vorstellen: Ich weiß nicht, ob ich krank werde oder Krebs bekomme. Jetzt fühle ich mich gesund. Aber wenn ich krank werde, dann bin ich auch in Gottes Hand. Ich habe keine Garantie, immer gesund zu bleiben. Die Krankheit gehört zum Leben. Sie ist eine Herausforderung, dankbar zu sein für die Gesundheit. Die Angst vor der Krankheit führt manche dahin, ängstlich von einem Arzt zum anderen, von einer Untersuchung zur anderen zu eilen. Doch je mehr man um die vermeintliche Krankheit kreist, desto mehr schadet man sich selbst und raubt sich die Selbstheilungskräfte. Nur das Vertrauen, dass ich in Gottes Hand bin, sowohl in gesunden als auch in kranken Tagen, relativiert die Angst. Die Angst erinnert mich immer wieder daran, dass Gottes heilende Nähe mich umgibt. Und dies ist wichtiger als die Frage, ob ich gesund oder krank bin.

Viele Menschen haben etwa Angst, sich zu blamieren. Sie trauen sich nicht, in einer Gruppe etwas zu sagen. Die anderen könnten sie ja auslachen, wenn sie etwas ungeschickt sagen, wenn sie zu stottern beginnen oder wenn sie mit ihren Worten zeigen, dass sie etwas nicht wissen. Sie wollen der Angst aus dem Weg gehen, indem sie nichts sagen. Aber dann engt die Angst sie immer mehr ein. Es hat keinen Sinn, die Angst zu unterdrücken oder vor ihr davonzulaufen. Der einzige Weg, mit der Angst richtig umzugehen, besteht darin, mit ihr zu sprechen: Was will die Angst mir sagen? Wovor habe ich eigentlich Angst? Ich soll mit der Angst freundlich umgehen, ja sie mir zur Freundin machen. Dann wird mich die Angst auf falsche Grundannahmen meines Lebens führen. Die eine Grundannahme ist: „Ich darf keinen Fehler machen, sonst bin ich nichts wert." Doch diese Annahme stimmt nicht. Ich bin auch wertvoll, wenn ich einen Fehler mache. Die Angst lädt mich also ein, mich von dieser falschen Grundannahme zu verabschieden und mir zu erlauben, Fehler zu machen. Wenn die Angst hochkommt, ärgere ich mich nicht, sondern nehme sie als Freundin, die mich einlädt, barmherziger mit mir umzugehen, mich als wertvoll anzusehen, auch wenn ich nach außen nicht immer perfekt auftrete.

Der wahre Grund, auf dem ich stehe

Eine Angst, die viele kennen, ist die Angst vor dem Urteil der Menschen. Daheim hat meine Mutter immer gesagt, wenn man durch sein Verhalten aufgefallen ist: „Was sagen denn die Leute!" Das Urteil der Leute war wichtig. So passt man sich an, damit man ja nicht auffällt. Denn die Leute könnten ja über mich reden. Auch diese Angst engt ein. Wenn ich mit dieser Angst spreche, kann ich sie fragen, welche Sehnsucht in ihr steckt. Es ist letztlich die Sehnsucht, dass alle Menschen mich mögen, dass alle mich loben, dass alle mit mir einverstanden sind. Indem ich diese Sehnsucht formuliere, merke ich, wie unrealistisch sie ist. Und so führt mich die Angst vor die Frage: Von wem her möchte ich mich definieren? Von den Menschen oder von Gott? Wenn ich mich von den Menschen her definiere, werde ich abhängig, lebe ich in ständiger Angst vor ihrem Urteil. Wenn ich mich von Gott her definiere, bin ich frei. Da darf ich sein, wie ich bin. So will mich die Angst letztlich zu Gott führen. Die Angst ist auch hier eine Freundin, die mir in Gott meinen wahren Grund zeigt, auf dem ich stehen kann. Wenn ich in Gott feststehe, dann bin ich frei vom Urteil der Menschen.

Einladung zum intensiven Leben

Wenn wir in der Zeitung von jungen Menschen lesen, die an Krebs gestorben sind, so taucht auch in uns oft die Angst auf, wir könnten sterben. Oder wenn wir an einem tödlichen Unfall auf der Autobahn vorbeifahren, bekommen wir Angst, auch wir könnten bei einem Unfall sterben. Manche trauen sich dann nicht mehr aus dem Haus, vor lauter Angst, es könnte ihnen etwas passieren. Die Angst engt uns dann immer mehr ein. Oder aber wir betäuben sie durch Aktivismus. Unser Leben gelingt nur, wenn wir uns der Todesangst stellen, die einfach zu unserem Leben gehört. Die Todesangst wird klarer, wenn ich mit ihr spreche. Ist es die Angst vor den Schmerzen, vor dem Tod? Ist es die Angst vor Kontrollverlust oder die Angst, auf Hilfe angewiesen zu sein? Oder ist es die Angst, die Kinder oder den Mann alleinzulassen? Das Gespräch mit der Todesangst lädt mich ein, mein Vertrauen auf Gott zu setzen. Gott wird seine Hand auch im Tod über mich halten. Und ich werde im Tod in seine Liebe hineinsterben. Und die Todesangst lädt mich ein, jetzt im Augenblick intensiv zu leben. Jetzt, da ich diese Todesangst habe, lebe ich. So will ich diesen Augenblick bewusst erleben, die Sonne auf meiner Haut spüren, den Wind wahrnehmen. Ich schaue bewusst in das Gesicht des Menschen, mit dem ich spreche, und nehme sein Geheimnis wahr. Ich sage das, was ich den Kindern oder meinem Partner schon längst einmal sagen wollte. Die Todesangst lädt mich also ein, bewusst und intensiv zu leben. Sie will mein Leben verstärken.

Rede mit der Angst

Immer wieder höre ich von Menschen, die Angst haben, das Leben nicht zu schaffen. Die einen meinen, sie würden finanziell nicht über die Runden kommen. Sie würden es nicht schaffen, das Haus abzubezahlen. Andere haben das Gefühl, dass sie mit dem Leben überfordert sind. Sie schaffen die Arbeit nicht. Oder sie schaffen das Leben nicht. Sie fühlen in sich nicht die nötige Kraft, das Leben zu meistern. Auch hier ist das Gespräch mit der Angst hilfreich. Das Gespräch zeigt mir konkret, wovor ich Angst habe. Und wenn ich die Angst dann genauer anschaue, kann mich die Angst herausfordern, konkrete Schritte zu gehen. Die Angst ist ja berechtigt. Wenn ich Angst habe, das Haus nicht abzahlen zu können, will mich die Angst einladen, einen konkreten Schuldenplan aufzustellen. Wie viel muss ich verdienen? Wie könnte ich dieses Geld verdienen? Wie viel soll ich jeden Monat zurücklegen? Dann wird alles konkreter. Angst hingegen ist oft diffus. Wenn ich Angst habe, ich würde die Arbeit nicht schaffen, ich hätte nicht genügend innere Kraft, dann kann ich mir überlegen, wie ich meine Kräfte schonen und wie ich zu Kräften kommen kann. Oder ich kann nachdenken, was ich denn brauche, um diese Arbeit schaffen zu können. Wer sich die Angst verbietet, der wird sie nicht los. Wer mit ihr redet, für den wird sie zu einer Quelle des Lebens.

Ein Übungsweg

Viele haben Angst vor ihrem Chef. Eine Frau erzählte mir, dass sie morgens voller Angst in die Firma gehe. Der Chef würde ständig herumbrüllen und allen drohen, sie würden entlassen, wenn sie nicht mehr arbeiten würden. Schon die laute Stimme des Chefs machte ihr Angst. In einem solchen Fall gibt es zwei Möglichkeiten: Sie kann sich in die Angst hineinsteigern. Sie kann sie aber auch anschauen. Vielleicht erinnert sie das laute Schreien des Chefs an die laute Stimme des Vaters, wenn er sie als Kind ausschimpfte. Dann kommt die Angst der Kindheit wieder hoch. Aber dann soll sie sich vorstellen: Hat der Chef wirklich so viel Macht? Er kann zwar laut schreien. Aber wer laut sein muss, hat es nötig, sagt ein Sprichwort. Laut sein ist nicht Zeichen von Stärke, sondern von Schwäche. Und die Frau kann sich vorstellen, wenn sie zur Arbeit geht: Ich gehe ins Theater. Ich schaue zu, was der Chef spielt, welche Rollen er spielt, was er mit seinem Schreien für ein Drama aufführt. Ich schaue zu, aber ich spiele nicht mit. Ich lasse das einfach nur geschehen, ohne mich innerlich berührt zu fühlen. Dann hat der Chef keine Macht über mich. Ich spüre mich. Ich komme mit mir in Berührung. Das wird nicht immer so leicht gelingen. Aber es ist ein Übungsweg. Und auf diesem Übungsweg wird die Angst allmählich immer schwächer werden. Ich werde mich vielleicht sogar amüsieren über die Spiele, die der Chef spielt.

Im Innersten unverletzlich

Dort, wo Gott in uns wohnt, dort, wo wir ganz wir selbst sind, wo unser göttlicher Funke ist, dort kann uns niemand wirklich gefährden oder verletzen. Das befreit uns von der Angst etwa vor bedrohlichen und gewalttätigen Menschen. Und es befreit uns vor Menschen, die uns missbrauchen könnten. Wir wissen, dass sie immer nur den Leib missbrauchen können. Doch der innerste Kern in uns ist unverletzbar. Gottes heilende Nähe schützt unseren Kern vor der bedrohlichen Situation, dass Menschen uns zu nahe kommen. Die Angst wird durch das Wissen von der unverletzlichen Seele nicht einfach aufgehoben. Denn unser Leib und unsere Psyche reagieren weiterhin angstvoll auf die körperliche oder psychische Verletzung. Aber die Angst wird relativiert. Wir werden nicht in unserer Tiefe getroffen.

Bring mehr Freude in dein Leben!

Unsäglich mehr als Glück

Dass uns die Freude gut tut, wissen wir alle. Jeder kennt das Gefühl, das vom Bauch aufsteigt und uns durchströmt und wärmt und unser Selbstwertgefühl steigert. Auch die Bibel weiß von der gesundheitsfördernden Wirkung der Freude. Verena Kast hat sich systematisch mit dem Thema der Freude beschäftigt. Ob man sich an der Natur oder an Kunst erfreut, an der eigenen Leistung oder an der Freude anderer: Freude ist eine „gehobene Emotion", ein Gefühl, das uns nicht nur gut tut, sondern auch neue Energie in uns hervorruft. Es ist ein Gefühl, das eintritt, wenn ich mehr bekommen habe als erwartet. Dabei ist es gratis, und wird meist von ganz einfachen Dingen ausgelöst. Um klar zu machen, wie wertvoll dieses Gefühl ist, zitiert Verena Kast den Dichter Rainer Maria Rilke: „Freude ist unsäglich mehr als Glück. Glück bricht über die Menschen herein, Glück ist Schicksal. Freude bringen sie in sich zum Blühen. Freude ist einfach eine gute Jahreszeit über dem Herzen." Die Psychologin geht davon aus, dass jeder von uns die Befähigung zur Freude hat, auch wenn sie vielleicht verschüttet sein mag. Ihr Eindruck: Wir kreisen lieber um die negativen Emotionen. Verena Kast rät uns, eine Freudenbiographie zu schreiben. Das heißt: sich ganz bewusst zu überlegen, wo ich mich als Kind gefreut habe und wie ich dieser Freude Ausdruck gegeben habe. Dann komme ich wieder mit meiner Freude in Berührung. Die Erinnerung an die Erfahrungen der Freude in meiner Kindheit führt mich zurück in die Gegenwart, ins Jetzt: Sie tut mir heute gut und wirkt heilend auf meine jetzigen Wunden.

Verena Kast beschreibt die Wirkung der Freude auch einmal als Erfahrung von Einssein und Ganzsein, von Freiheit und Vitalität: „Das Gefühl des Einsseins mit sich selbst und das Gefühl des Ganzseins, das so sehr von uns Menschen gesucht wird, ist im Moment der Freude vorhanden. Das gibt uns auch ein Gefühl von Vitalität, vielleicht sogar von Freiheit. Alle Bewegungen, die mit der Freude verbunden sind, sogar mit einer stillen Freude, sind Bewegungen in die Höhe, Bewegungen der Leichtigkeit." Freude, die – unter welchen Sorgen auch immer – verloren ging und nun auf dem Grund meiner Seele darauf wartet, wieder hervorgelockt zu werden, führt mich zurück in den gegenwärtigen Moment, sie versetzt mich in die Gegenwart. Wenn ich mich freue, bin ich ganz präsent – auch da, wo ich mich an frühere Freuden erinnere. Das Denken kreist immer um die Vergangenheit oder Zukunft. Wenn ich etwas ins Gefühl bringe, ist das anders. Weil ich die Freude in der Gegenwart spüre, macht sie mich gegenwärtig. Sie bringt mich in die Nähe zu mir selbst und in die Nähe zum gegenwärtigen Augenblick. Freude ist Ausdruck des reinen Seins, der klaren Gegenwart.

Erfüllter leben

Freude kann man nicht direkt machen oder herstellen. Aber man kann die Voraussetzungen der Freude schaffen oder fördern. Freude ist Ausdruck von erfülltem Leben. Wenn ich bewusst lebe, wenn ich kreativ bin in meinem Leben, dann wird die Freude zur Grundstimmung. Und die Freude entspringt aus der positiven Bewertung der Dinge. Wenn ich alles um mich herum negativ bewerte, werde ich mich auch nicht freuen können. Doch wenn ich schon am Morgen damit beginne, den Tag positiv zu bewerten, ihn als Geschenk von

Gott anzunehmen, die Sonne wahrzunehmen, die den Tag erhellt, die frische Luft spüre, die der Morgen mit sich bringt, dann kann ich mich täglich an tausend Kleinigkeiten freuen.

Erinnerung als Freudenquelle

Jeder hat als Kind in irgendeiner Hinsicht Freude verspürt, sei es beim Spielen, beim Festefeiern, beim Spazierengehen oder auch bei Arbeiten, die wir mit dem Vater oder der Mutter gemeinsam verrichteten. Indem wir uns erinnern, was uns in unserem Leben schon gefreut hat und wie wir dieser Freude Ausdruck gegeben haben, kommen wir in Berührung mit der Freude. Freude bringt etwas in uns in Bewegung. Wir können die Freude nicht *machen*. Aber wir können uns an die Freude erinnern, die wir schon erfahren haben. In diesem Akt der Erinnerung wird dann diese schöpferische Quelle selbst in uns wieder lebendig: In der

Freude, so Verena Kast, „erleben wir die Fülle des Daseins, erleben wir Vitalität, Energie, Körperlichkeit, Verbundenheit mit anderen Menschen, wir erleben Selbstsein in der Selbstvergessenheit, erleben Hoffnung neu. Wir erleben, dass es in jedem Menschenleben, so schwierig es auch sein mag, Oasen der Freude gibt, die in der Erinnerung auch wieder Freude zurückbringen."

Unterhalb unserer Trauer

Mit der Freude kommen wir nicht nur in Berührung, indem wir uns an die vergangenen Erfahrungen erinnern. Sie ist jetzt in uns. Und es kommt darauf an, an diese innere Quelle zu glauben und sie ins Bewusstsein zu heben. Natürlich gibt es Menschen, die von ihrer Veranlagung oder von ihrer Erziehung her einfach fröhlicher sind. Und es gibt Menschen, die einen eher melancholischen Charakter haben und zur Depression neigen. Das kann körperlich oder seelisch bedingt sein. Sie können sich gegen diese Veranlagung nicht wehren, sie haben sie einfach. Trotzdem können wir uns an die oft von vielerlei Geröll verschüttete Freude herantasten, die auf dem Grund unserer Seele bereitliegt – unzerstörbar. Oft sind wir von dieser Quelle abgeschnitten. Es haben sich Schatten auf sie gelegt, die sie verdunkeln. Wenn wir aber tief genug in uns hineinhorchen, dann entdecken wir unterhalb unserer Trauer und unseres Ärgers diese Quelle der Freude. Wenn wir aus ihr schöpfen, dann freuen wir uns an unserem Leben, an den Mitmenschen, an unserer Arbeit, an allem, was auf uns zukommt. Wir sehen in dem, was uns widerfährt, nicht etwas Bedrohliches, sondern etwas, das Gott uns schenkt, was er uns zutraut und oftmals auch zumutet. Solche Freude kommt aus dem Herzen und fließt in das äußere Tun ein. Und dann gelingt das Tun auch anders.

Es liegt an mir, dass ich die schönen Dinge des Tages auch wahrnehme und darauf reagiere. Leider gibt es auch Menschen, die nichts von all dem Schönen um sich herum wahrnehmen, weil sie ihre eigene Unlust zelebrieren. Sie machen sich das Leben selbst schwer. Freude als Haltung ist auch eine Quelle, aus der wir in unserem Miteinander schöpfen. Jeder weiß, dass er mehr und besser arbeiten kann, wenn ihm das, was er tut, auch Freude macht. Versuchen Sie also, sich der täglichen kleinen Dinge bewusst zu werden, über die Sie sich freuen können. Nehmen Sie den freundlichen Blick der Verkäuferin wahr und freuen Sie sich darüber. Lassen Sie die verständnisvollen Worte eines Freundes in Ihr Herz fallen und spüren Sie die Freude, die sie in Ihnen auslösen. Freuen Sie sich über den heutigen Tag, über die Schönheit der Natur, darüber, dass Sie jetzt atmen und dass Sie so, wie Sie sind, einmalig sind.

Das Schönste im Leben

Ein alter Mitbruder, der mit 92 Jahren gestorben ist, hat bis zuletzt jedem Mitbruder zum Namenstag ein Ständchen gespielt, zuerst auf der Trompete und dann, als das nicht mehr ging, auf der Mundharmonika. Wenn ich mich bei ihm bedankt habe, meinte er: „Es ist doch das Schönste im Leben, einem anderen eine Freude zu machen." Wenn wir einem anderen eine Freude bereiten, werden wir selbst auch mit Freude erfüllt. Solange wir nur um uns selbst kreisen und uns bedauern, dass das Leben so schwer ist, wird sich auch keine Freude einstellen. Allerdings sollen wir uns nicht unter „Freudendruck" setzen. Einen Depressiven kann ich nicht so schnell zur Freude motivieren. Er muss sich damit aussöhnen, dass sich die depressive Stimmung auf ihn gelegt hat. Aber er soll trotzdem daran glauben, dass unterhalb seiner depressiven Gefühle auch die Emotion der Freude bereitliegt. Auch wenn er sie jetzt nicht spürt, sie hat ihn nicht verlassen.

Lass die Quelle nicht zum Rinnsal werden

Jesus sagt im Johannesevangelium zu seinen Jüngern: „Dies habe ich euch gesagt, damit meine Freude in euch ist und damit eure Freude vollkommen wird (plerousthai = damit sie angefüllt werde)." (Joh 15,11) Jesus hat seine Jünger nicht zur Freude aufgerufen. Doch die Art und Weise, wie er zu ihnen gesprochen hat, hat in ihnen Freude bewirkt. Er hat gleichsam mit seinen Worten auch sein Gestimmtsein den Jüngern mitgeteilt und sie mit der Freude erfüllt, die in ihm war. Jesus geht mit diesem Wort davon aus, dass in den Jüngern eine Quelle der Freude ist. Doch oft ist diese Quelle zu einem kleinen Rinnsal geworden. Wenn Jesus nun zu den Jüngern spricht, dann wird diese Quelle wieder sprudeln, nach oben steigen und auch das Bewusstsein der Jünger mit Freude erfüllen.

Dem Positiven Raum geben

Viele Menschen haben ihre Orte, an denen sie mit ihrer Freude in Berührung kommen. Für die einen ist es die Natur, deren Schönheit sie genießen. Für die anderen ist es die Musik, die in ihnen Freude hervorruft. Wenn sie in einem Chor singen, sind sie nach dem Konzert voller Freude. Das Singen bringt sie in Berührung mit der Quelle der Freude, die auf dem Grund der Seele in ihnen strömt, von der sie aber im Alltag oft genug abgeschnitten sind. Wir können uns nicht zur Freude zwingen. Aber wir haben durchaus die Verantwortung für unsere Emotionen. Dass negative Emotionen in uns aufsteigen, damit müssen wir uns aussöhnen. Aber wir können durch die Art und Weise, wie wir leben, der Freude in uns Raum geben. Wenn wir das tun, dann werden wir die heilsame und erfrischende Kraft der Freude erfahren.

Lachen, die beste Medizin

Dass Lachen dem Menschen gut tut, haben Therapeuten immer wieder betont. Im Lachen übersteigt der Mensch die jeweilige Situation. Er lässt sich von den Ereignissen nicht bestimmen, sondern erhebt sich über sie. Indem wir lachend auf ein Missgeschick reagieren, nehmen wir ihm seine negative Wirkung. Wir stellen uns über das Missgeschick. Wir geben ihm keine Macht. So hat Lachen oft etwas Befreiendes an sich. Wir befreien uns von dem Einfluss von Menschen, von Widerfahrnissen. Lachen hellt auf. Es macht den Sinn heiter und klar. Es vertreibt die Wolken von unserer Seele. Es ist eine Gabe, um sich herum ein Lachen zu verbreiten und die Menschen aufzuheitern. Wer selber herzhaft lachen und andere mit

seinem Lachen anstecken kann, der erlebt die gesunde Wirkung des Lachens. Und er ist selbst für andere Menschen Medizin.
Für die Römer kommt Humor von „humus", von der Erde. Humor hat als Voraussetzung die „humilitas", die Demut. Dieses Wort meint den Mut, hinabzusteigen in seine eigene Menschlichkeit. Wir sind als Menschen von der Erde genommen. Wir sollen uns annehmen mit allem, was in uns ist, auch mit all dem Erdhaften, Dunklen und wenig Ansehnlichen. Wenn ich mit beiden Beinen auf dem Boden stehe, wenn ich Bodenhaftung zeige, dann nehme ich alles etwas gelassener. Humor meint, dass ich mich liebevoll annehme und über meine menschlichen Schwächen lachen kann, weil sie mich zum Menschen unter Menschen machen, mit Bodenhaftung. Und eine solche Einstellung ist gut – für Leib und Seele.

Schluss

Die griechische Medizin hat uns in ihrer Lehre vom gesunden Leben auf sechs Quellen verwiesen, die für die Gesundheit notwendig sind: 1. Licht und Luft, 2. Essen und Fasten, 3. Bewegung und Ruhe, 4. Wachen und Schlafen, 5. Absonderungen und Ausscheidungen, und 6. die Affekte der Seele. Dabei geht es der griechischen Medizin vor allem um das rechte Maß und das Gleichgewicht zwischen den verschiedenen Polen.

Die Bibel spricht oft von Quellen der Gesundheit, von Ressourcen, aus denen wir schöpfen können, um gesund leben zu können. Das Buch der Sprichwörter spricht von der Freude als einer Quelle der Gesundheit. Es nennt aber auch die Weisheit, die Zucht, die Gottesfurcht, die Klugheit und die Gerechtigkeit als Quellen, aus denen wir schöpfen können, um gesund und lange zu leben. „Gottesfurcht bringt langes Leben." (Spr 10,27)

Jesus verweist vor allem auf den Glauben als Quelle der Gesundheit. Dem Hauptmann von Kafarnaum sagt er: „Geh! Es soll geschehen, wie du geglaubt hast." (Mt 8,13) Und zur blutflüssigen Frau spricht er: „Hab keine Angst, meine Tochter, dein Glaube hat dir geholfen." (Mt 9,22) Mit Glauben meint Jesus das Vertrauen, das wir in Gott setzen sollen. Wir sollen Gott zutrauen, dass er uns heilt und hilft. Wenn wir aus dem Vertrauen in Gottes heilende Gegenwart leben und darauf vertrauen, dass er auch an uns heilend handelt, dann ist das eine wichtige Quelle des gesunden Lebens. Der Glaube bewahrt uns nicht vor jeder Krankheit. Aber er stärkt uns in der Krankheit. Und er ist eine Atmosphäre, die vorbeugend die Gesundheit stärkt.

Eine andere Quelle des gesunden Lebens sind die Wurzeln, aus denen wir leben. Ohne

Wurzeln verdorrt der Baum. Nicht nur die Rituale bringen uns in Berührung mit den Wurzeln unseres Lebensbaums, sondern auch die Lebensweisheiten, die uns unsere Vorfahren überliefert haben in ihren Erzählungen, in den Märchen und in den Sprichwörtern oder den kurzen Sätzen, mit denen sie ihr Leben gemeistert haben. Ein Landwirt sagte bei allen schwierigen Tätigkeiten: „In Gottes Namen." Dieses Wort hatte er von seinem Vater und Großvater übernommen. Es gab ihm die Kraft, sein Leben zu meistern, anstatt vor Schwierigkeiten zu resignieren. Wir sehnen uns heute oft nach den gesunden Wurzeln unserer Vorfahren, gerade weil wir spüren, dass wir häufig abgeschnitten sind von der Kraft, die von ihnen ausgeht.

Auch die geistliche Tradition hat uns viele gesundheitsfördernde Quellen überliefert. Da ist die Stille, in die wir uns zurückziehen, das Schweigen, das heilsam ist für Seele und Leib.

Da sind die Rituale, die uns eine heilige Zeit schenken. Das Heilige ist für die Griechen das, was der Welt entzogen ist. Die Griechen sind überzeugt: Allein das Heilige vermag zu heilen. Indem wir uns in persönlichen Ritualen eine heilige Zeit nehmen und indem wir in den kirchlichen Ritualen in einen heiligen Raum hineinversetzt werden, vermag das Heilige heilend auf uns einzuwirken.

Eine andere Heilquelle ist für die spirituelle Tradition die Bibel. Die Wüstenväter haben die Bibel als Heilungsbuch verstanden. Wenn wir die Worte der Bibel in unsere krankmachenden Worte hineinhalten, erfahren wir ihre heilende Wirkung. Die Worte der Bibel entmachten die Worte, die uns entwerten und niederbeugen. Die Worte der Bibel sind Worte der Zuversicht. Sie richten uns auf. Sie bringen uns in Berührung mit den inneren Quellen, die wir in uns haben.

Unsere Seele weiß in der Tiefe, was ihr gut tut. Aber sie braucht oft ein Wort von außen, um ihrem inneren Wissen zu trauen. Es sind nicht nur einzelne Worte, die eine heilende Wirkung auf uns haben. Die vielen Heilungsgeschichten der Bibel zeigen uns, wie die Heilung auch bei uns geschehen kann. Und in den Gleichnissen will uns Jesu von unseren krankmachenden Selbstbildern befreien, damit wir uns selbst und Gott richtig sehen. Krankheit entsteht oft durch eine falsche Sichtweise von uns selbst. Gesund werden wir, wenn wir uns und unsere Beziehung zu Gott richtig sehen.

Die Kirche kennt die Sakramente als Quelle der Heilung. In der Eucharistiefeier begegnen wir Jesus als dem Arzt, der uns heute zuruft: „Steh auf, nimm dein Bett und geh!“ In der Eucharistie sagt uns Jesus: „Ich will es – werde rein! Ich stehe zu Dir. Nun steh auch Du zu Dir. Ich nehme Dich an, wie Du bist. Nun nehme auch Du Dich selber an.“

In den Festen des Kirchenjahres feiern wir nicht nur das heilende Handeln Jesu, sondern auch sein Schicksal, seinen Weg von der Geburt über das Kreuz zur Auferstehung. C. G. Jung nennt das Kirchenjahr ein therapeutisches System, weil es uns in Berührung bringt mit den wichtigen Themen unserer Seele. Indem diese Themen im heiligen Schauspiel dargestellt werden, haben wir teil am Weg Jesu, der uns aus der Angst in das Vertrauen, aus der Enge in die Freiheit und aus der Krankheit in das Heil hineinführt.

Die Gesundheit ist immer auch eine spirituelle Aufgabe. Sie fordert uns heraus, über unser Wesen nachzudenken und unserem Wesen als Geschöpf Gottes gerecht zu werden. Und die Gesundheit ist letztlich ein Geschenk Gottes, das wir nur dankbar entgegennehmen können. Wir sollen mit diesem Geschenk achtsam umgehen, damit wir es lange bewahren können. Aber wir können die Gesundheit nicht besitzen. Es gibt auch keine medizinische, psychologische oder spirituelle Methode, die uns die Gesundheit garantieren könnte. So leben wir immer in der Spannung zwischen Gesundheit und Krankheit, damit wir in beiden Seinsweisen immer mehr aufgebrochen werden für den Geist Gottes, der in uns ist, und für unser wahres Selbst, das jenseits von Krankheit und Gesundheit ist. Es ist der kostbare Schatz, den wir in uns tragen, die kostbare Perle, um die es sich lohnt, alles andere zu verkaufen.